Andreas Kirchner

Prekäre Positionen

Perspektiven für die Arbeit mit schwer erreichbaren jungen Menschen

Rahmenkonzeption für die Arbeit
mit schwer erreichbaren jungen Menschen
in Einrichtungen der Salesianer Don Boscos

Damit das Leben junger Menschen gelingt.

Gerne nehmen wir Ihre Anregungen, Wünsche, Kritik oder Fragen entgegen:
Don Bosco Medien GmbH, Sieboldstraße 11, 81669 München
Servicetelefon: 089 / 48008-341

Bibliografische Information der Deutschen Nationalbibliothek

Die Deutsche Nationalbibliothek verzeichnet diese Publikation in der Deutschen Nationalbibliografie; detaillierte bibliografische Daten sind im Internet über http://dnb.d-nb.de abrufbar.

---

1. Auflage 2021 / ISBN 978-3-7698-2534-3
© 2021 Don Bosco Medien GmbH, München
www.donbosco-medien.de
Umschlag: ReclameBüro, München
Umschlagfoto: istockphoto.com © mtreasure
Layout und Satz: Don Bosco Medien GmbH, München
Produktion: Prografix Sp. z o.o., Dębica

Inhalt

1 Einleitung: prekäre Positionen 16

2 Zielgruppe: schwer erreichbare junge Menschen 23

    2.1 Begriffsklärungen: Not in Education, Employment or Training (NEETs) – Systemsprenger – Entkoppelte – schwer erreichbar ... 24

    2.2 Merkmale und Charakteristika schwer erreichbarer junger Menschen 34

    2.3 Methodische Aufforderungen aufgrund der Problemmerkmale ... 46
        2.3.1 Erreichbarkeit durch Niedrigschwelligkeit erzeugen 47
        2.3.2 Individualisierung der je besonderen Problemlagen 49
        2.3.3 Ressourcenorientierte Perspektiven einnehmen 50
        2.3.4 Beziehungen personell und organisationell gestalten: Vertrauen aufbauen 51
        2.3.5 Schwere Erreichbarkeit braucht freiwillige Handlungsfähigkeit 52
        2.3.6 Differenzierte Begleitung zur Entwicklung eines individuell vernünftigen „Lebensplanes" 53
        2.3.7 Langfristigkeit: trotz Scheitern oder zwischenzeitlichem Abbruch Beziehung kontinuierlich ermöglichen 54
        2.3.8 Wirksame Unterstützung bzw. Hilfen brauchen gutes Personal 56
        2.3.9 Rechtskreise, Angebote und Leistungen vernetzen 57

3 Handlungsaufforderungen: für die Jugend 59

    3.1 Sozialethische Perspektiven 59
    3.2 Im internationalen Recht 68
    3.3 Im deutschen Recht 73
    3.4 Volkswirtschaftlich – sozialpolitisch 80
    3.5 Jugendarbeit der Kirche – Jugendpastoral 82
    3.6 Salesianer Don Boscos 86

4 Ziel: das Leben aktiv gut bewältigen 88

5 „Präsenz": Kern der Erreichbarkeit 95

   5.1 Wohlwollende Präsenz als Leitprinzip 97

   5.2 Rechtliche Grundlagen 103
       5.2.1 SGB VIII: Kinder- und Jugendhilfe 104
       5.2.2 SGB II: Grundsicherung für Arbeitsuchende 106
       5.2.3 SGB III: Arbeitsförderung 109
       5.2.4 SGB XII: Sozialhilfe 112

   5.3 Die Umsetzung von Präsenz – zentrale Elemente von Erreichbarkeit 113
       Offener Treff 114
       Mobile Jugendsozialarbeit – erreichende Straßenpädagogik 114
       Virtuelle Präsenz 115
       Krisenintervention 116
       Wohnen in Not 116
       24/7-Präsenz 117

6 Integrative Kontinuität: weiterführende Angebote zur beruflichen und sozialen Integration 118

   6.1 Aktivierungsangebote 119

   6.2 Obdach und Wohnen 120

   6.3 Bildungsabschluss – Ersatzschule 121

   6.4 Gezielte nachgehende Sozialarbeit 121

   6.5 Nachsorge 122

7 Ein Plädoyer: Ganzheitliche Maßnahmen – Kooperation der Rechtskreise 123

7.1 Beziehungen in verlässlicher, möglichst ganzheitlicher Präsenz ermöglichen 125

7.2 Altersspielraum im SGB VIII ernst nehmen 127

7.3 Ausbau der Jugendberufshilfe im SGB VIII 127

7.4 Örtliche Zuständigkeiten als Barrieren der Erreichbarkeit 128

7.5 Klärungsprozesse müssen ernst genommen und finanziert werden 129

7.6 Paradoxie I im SGB II: Fordern und Erreichen im Widerspruch .. 130

7.7 Paradoxie II im SGB II: Leistungskürzung und Erreichen im Widerspruch 131

7.8 Kooperationen der Rechtskreise in Planung und Leistungserbringung 132

7.9 Eindeutige Kooperationsverpflichtungen in den jeweiligen Gesetzbüchern kodifizieren 135

7.10 Wohnraum kooperativ ermöglichen 136

7.11 Finanzierung sichern – staatliche Versprechen einlösen 137

Literatur 139

Vorwort der Herausgeber

Die vorliegende Forschungsarbeit von Dr. Andreas Kirchner, Professor an der Katholischen Stiftungshochschule München, verdient Beachtung. Denn sein Ziel ist es, jene Hilfen für junge Menschen in Not, die in den unterschiedlichen Rechtskreisen des Sozialgesetzbuches gesetzlich geregelt sind – also vorwiegend die Kapitel SGB II, III, VIII, XII, besser aufeinander abzustimmen und miteinander zu vernetzen. Vielfach wird nämlich in der Praxis beklagt, dass Kinder und Jugendliche aus Hilfen herausfallen, weil die unterschiedlichen Hilfen von unterschiedlichen Institutionen geleistet, finanziell anderen Töpfen zugeordnet und so auch strukturell fragmentiert sind. So gehen viele Hilfen fehl, obwohl „das System" teuer ist! Wem also an einer ganzheitlichen, d.h. psychosozialen, beziehungsorientierten, vertrauensaufbauenden und fachlich koordinierten Hilfestellung für junge Menschen in misslichen Lebenssituationen gelegen ist, der muss die Forderung nach einer Kooperation der Rechtskreise auf die Agenda setzen. Das genau ist das Interesse der Untersuchung von Andreas Kirchner. Und das ist auch die Forderung der Deutschen Provinz der Salesianer Don Boscos (SDB) und ihrer Partner in der kirchlichen Kinder- und Jugendhilfe.

Hier ist es angezeigt, den pastoraltheologischen Bezugsrahmen dieser sozialwissenschaftlichen Forschungsarbeit aufzuspannen und auf den spezifischen Beitrag der Träger katholischer Kinder- und Jugendhilfe in aller gebotenen Kürze einzugehen. Zumeist wird dieses Engagement der Kirche richtigerweise im Rahmen der Caritas angesiedelt. Hier sprechen wir von verschiedenen Akteuren – caritative Vereine, Stiftungen, Verbände, Ordensgemeinschaften, die sich den Hilfen zur Erziehung (SGB VIII, §§ 27–35) und ebenso der Jugendsozialarbeit (SGB XIII, § 13) verschrieben haben. Die Kirchliche Jugendarbeit hingegen ist kirchenstrukturell dem Pastoralbereich zugeordnet, also der Hauptabteilung „Seelsorge" der (Erz-)Bischöflichen Ordinariate. Gemäß dem Würzburger Synodenbeschluss von 1975 gilt die Jugendarbeit der Kirche nicht primär als katechetisch-missionarisches Instrument, sondern sie ist vielmehr fundamental als Diakonie definiert: als ein selbstloser Dienst der Kirche an der Jugend und umgekehrt als Dienst der Jugend an der Kirche, und ebenso ein Dienst der jungen Kirche an der Gesellschaft. Wie es oben als Defizit der staatlichen Jugendhilfe beklagt wurde, so gibt es also innerhalb der Kirche auch eine strukturelle Trennung zwischen dem Jugendhilfebereich innerhalb des

Caritasverbandes einerseits und dem Jugendarbeitsbereich (kirchenamtliche und verbandliche Jugendarbeit) im Seelsorgeamt andererseits. Dennoch aber besteht durchaus eine inhaltliche Übereinstimmung im Wesen aller Dienste und Einrichtungen der Kirche an, für und mit der Jugend: Sie sind diakonisch qualifiziert. Die vorliegende Untersuchung bezieht sich vor allem auf das Grundlagendokument der Würzburger Synode als Rahmenkonzept kirchlicher Jugendhilfe. Ergänzend sei hier auf den caritativen Sektor kirchlicher Jugendhilfe und deren Grundverständnis verwiesen. Auch wenn es in den unterschiedlichen Trägerverbünden der Jugendsozialarbeit und der Hilfen zur Erziehung je einzelne Leitbilder und Grundsatzdokumente gibt, so scheinen darin doch gemeinsame konzeptionelle Grundlinien auf. Ganz klar ist festzuhalten, dass die zur Caritas gehörenden Dienste und Einrichtungen der Kinder- und Jugendhilfe spezifische Sozialformen von Kirche darstellen. Sozialformen aber sind nach Auskunft der Soziologie „Vehikel mit bestimmten eingebauten Stärken" (M. Sellmann). Das bedeutet nun: Die kirchliche Kinder- und Jugendhilfe ist ‚Kirche', denn sie verwirklicht auf spezifische Weise und mit originären Stärken das, was der Kirche als ganzer aufgegeben ist: nämlich die „Botschaft des Guten" (Chr. Theobald) zu bezeugen und zu vergegenwärtigen. Dabei unterscheiden sich die einzelnen Formen der katholischen Kinder- und Jugendhilfe in ihrem „Können" von dem einer Pfarrei ebenso wie einer katholischen Schule oder einem kirchlichen Bildungswerk u.a.m.! Die Kinder- und Jugendhilfe in katholischer Trägerschaft verwirklicht so einen ganz spezifischen und daher unverzichtbaren Aspekt kirchlicher Mission. Sie zeichnet sich durch diese Stärken aus:

→ *Kirche in der Gesellschaft:* Die heutige katholische Kinder- und Jugendhilfe hat ihre Wurzeln in der zweiten Hälfte des 19. und der ersten Hälfte des 20. Jahrhunderts. Hier waren es vor allem Fürsorgevereine und Stiftungen, deren Gründung wesentlich von sozial engagierten Laien und Priestern betrieben wurde. Zu nennen wären beispielhaft das Werk von Adolph Kolping (1813–1865), ebenso die verschiedenen Schutzvereine etwa für Mädchen und Hausbedienstete (heute Sozialdienst katholischer Frauen), ferner die zahlreichen Stiftungen (Raffael-Stiftung, Elisabeth-Stiftung etc.) oder die Katholischen Jugendfürsorgevereine in den bayerischen Diözesen. Für die Zeit nach 1945 ist speziell die sog. Heimstattbewegung zu erwähnen. Als „Selbsthilfewerk der Jugend" entstanden, wurde sie von „gläubigen Christen quer durch die Kirche" (K. H. Breuer) ausgebaut. Das sich immer neu wandelnde „Gesicht der Not" junger Menschen zu sehen und dafür innovative Projekte und Initiativen zu starten, gehört auch heute fundamental zum Selbstverständnis katholischer Kinder- und Jugendhilfe. Als ein frei gemeinnütziger Träger der staatlichen Wohlfahrtspflege leistet sie einen wertorientierten Beitrag zur Beseitigung von (Jugend-) Not in unserer Gesellschaft.

→ *Bedingungsloses Ja zu jedem jungen Menschen:* Der wertorientierte Beitrag katholischer Kinder- und Jugendhilfe basiert auf der christlichen Überzeugung vom Wert und von der Würde jedes Menschen. Seit ihren Ursprüngen engagieren sich die Träger und Akteure der katholischen Kinder- und Jugendhilfe „nicht primär aus politischen oder sozialen oder sonstigen Gründen", sondern aus dem religiösen Motiv, „dass jeder Mensch das größte Werk Gottes ist (... und deswegen kein Einsatz für ihn groß genug sein könne" (K.H. Breuer, 1991, 270). In dieser Tradition christlich motivierter Sozialarbeit steht auch heute die kirchliche Kinder- und Jugendhilfe. Wie es exemplarisch auf der Homepage der Bundesarbeitsgemeinschaft Jugendsozialarbeit heißt, hält diese „vor dem Hintergrund ihres christlichen Werteverständnisses, das die grundlegende und bedingungslose Annahme eines jeden Menschen in Würde beinhaltet, Einrichtungen und Angebote vor, in denen individuell beeinträchtigte und sozial benachteiligte Jugendliche die hierfür erforderlichen Kompetenzen erwerben können."

→ *Option für gefährdete und benachteiligte Kinder- und Jugendliche:* Die katholische Kirche hat im Zweiten Vatikanischen Konzil eine klare Option für ihre Solidarität mit den Menschen, vor allem mit den „Armen und Bedrängten aller Art" (GS 1) getroffen. Diese wurde oftmals in Texten wiederholt, wenn auch nicht immer in der Praxis eingelöst. Der jetzige Papst Franziskus jedoch hat wie kaum einer vor ihm diese Positionierung der Kirche in seiner Verkündigung und zeichenhaften Handlungen vorangebracht. Er wünscht sich „eine arme Kirche für die Armen" (EG 198), die hinausgeht an die Grenzen der menschlichen Existenz. Die Kirche in Deutschland hat mit ihrer Kinder- und Jugendhilfe ein probates Mittel, um diesem ihrem Anspruch gerecht zu werden, für junge Menschen in körperlichen, psychischen und seelischen Notlagen Sorge zu tragen. Indem sie mit ihren Einrichtungen und Diensten in diesen Not- und Randzonen menschlicher Existenz präsent ist und Hilfen ins Leben anbietet, leistet sie nicht nur einen wichtigen gesellschaftlichen Dienst, sondern stärkt auch das Ansehen der Kirche.

→ *Fachlichkeit und Menschlichkeit:* Seit jeher zielen die Werke der kirchlichen Kinder- und Jugendhilfe nicht allein auf die Beseitigung der unmittelbaren Notlagen, sondern auch auf „eine ganzheitliche, im Pädagogischen fundierte Lebenshilfe für junge Menschen" (K.H. Breuer 1961, 269). Diese Überzeugung gilt auch heute als Leitlinie. Gegen monetär begründete Tendenzen, jungen Menschen nur eine in Kennzahlen fassbare und fachlich fokussierte Hilfeleistung zukommen zu lassen, stehen die kirchlichen Träger für eine zusätzliche Vermittlung von personalen Kompetenzen – also von sog. „Softskills" wie Werte, Haltungen, Tugenden – als Bestandteil einer ganzheitlich angelegten Sorge um die Schwächsten. Der Weg zu einem guten Leben besteht ja oft darin, zunächst das Gefühl vermittelt zu bekommen, gesehen, angenommen, wertgeschätzt und geliebt zu sein. Mit diesem Credo von Fachlichkeit und Menschlichkeit trägt die kirchliche Kinder- und Jugendhilfe dazu bei, junge Menschen zu eigenverantwortlichen und gemeinschaftsfähigen Persönlichkeiten zu formen (vgl. SGB VIII, 1).

→ *Anwaltschaft für junge Menschen:* Als kirchliche Sozialform fühlt sich katholische Kinder- und Jugendhilfe dem sozialethischen Grundsatz verbunden, demzufolge nicht nur personen- und situationsbezogene Hilfen nötig sind, sondern auch die Behebung struktureller Ursachen der Not. Denn: „Solange die Probleme der Armen nicht von der Wurzel her gelöst werden, indem man auf die absolute Autonomie der Märkte und Finanzspekulation verzichtet und die strukturellen Ursachen der Ungleichverteilung der Einkünfte in Angriff nimmt, werden sich die Probleme der Welt nicht lösen. Die Ungleichverteilung der Einkünfte ist die Wurzel der sozialen Übel." (Papst Franziskus, DCE 202). Dieser Überzeugung folgend mischen sich die Träger katholischer Kinder- und Jugendhilfe in politische Debatten, wissenschaftliche Diskurse und in die Gesetzgebung ein. Sie engagieren sich in der Entwicklung und Ausgestaltung von Modell- und Förderprogrammen sowie in der Ausbildung künftiger Berufe der sozialen Arbeit.

→ *Konfessionelle Verwurzelung und weltanschauliche Offenheit*: Die katholische Kinder- und Jugendhilfe ist zwar konfessionell gebunden, aber sie ist nicht weltanschaulich geschlossen. Dies gilt sowohl in Bezug auf die Jugendlichen als auch in Bezug auf die Mitarbeiterschaft. Ihre Dienste richten sich an junge Menschen ja nicht, weil sie katholisch sind, sondern weil sie in Not sind. Aus der Überzeugung, dass in den Religionen auch Potentiale für ein gutes Leben verborgen sind, werden Jugendliche aber auch „religionssensibel" begleitet, ohne sie konfessionell zu vereinnahmen. Bezüglich der Mitarbeiterschaft freuen sich die Träger katholischer Kinder- und Jugendhilfe natürlich über alle, die konfessionell gebunden sind, sie setzen aber ebenso auf Personen, die aus anderen humanen Motiven heraus „beherzt" ihre Arbeit tun. Dabei sind die Träger bestrebt, alle Mitarbeiter*innen so zu qualifizieren, dass sie „nicht bloß auf gekonnte Weise das jetzt Anstehende tun, sondern sich dem andern mit dem Herzen zuwenden, so dass dieser ihre menschliche Güte zu spüren bekommt" (DCE, 32a). Diese „Herzensbildung" im Sinne einer aus einer Gottesbeziehung erwachsenden Nächstenliebe macht zusammen mit der Fachlichkeit die spezifische Qualität und das Proprium katholischer Kinder- und Jugendhilfe aus.

Die im Folgenden dargestellte Studie gewinnt im Rahmen dieser pastoraltheologischen Grundlegung der katholischen Kinder- und Jugendhilfe ihren besonderen Stellenwert. Das Rahmenkonzept mit dem Fokus auf „youth in need" rückt eine Gruppe junger Menschen ins Zentrum, die allzu leicht aus dem Blick geraten. Dieser Band richtet sich an Kirche wie Gesellschaft gleichermaßen und er ist von sozialpolitischer Relevanz mit seinem Anliegen, die jungen Menschen, die durch die Systeme fallen, nicht aufzugeben. Denn wie Don Bosco sagte: „In jedem Jugendlichen, auch im unglücklichsten, gibt es einen Punkt, wo er für das Gute empfänglich ist."
Als Herausgeber danken wir dem Verfasser der Studie für seine Forschungsarbeit. Der Deutschen Provinz der Salesianer Don Boscos, namentlich ihrem Provinzial P. Reinhard Gesing SDB, sagen wir Dank für die Finanzierung dieses Projekts, das so einem größeren Fachpublikum zur Verfügung stehen kann. Wir wünschen dem Buch viele neugierige Leserinnen und Leser.

Benediktbeuern, im Dezember 2020
Prof. Dr. Katharina Karl   Prof. Dr. Martin Lechner

Vorwort

„Damit das Leben junger Menschen gelingt", in diesem Leitwort fasst die Deutsche Provinz der Salesianer Don Boscos seit vielen Jahren das Anliegen ihres Wirkens in ihren zahlreichen Jugendeinrichtungen zusammen. Dabei sehen wir uns in der Tradition unseres Gründers, des heiligen Johannes Bosco (1815–1888), der sich als Jugendapostel von Turin in besonderer Weise der randständigen und ausgegrenzten jungen Menschen angenommen hat und unzähligen Kindern und Jugendlichen Unterkunft, schulische und berufliche Ausbildung und eine aus dem christlichen Glauben motivierte Werterziehung ermöglicht hat. Seine pädagogischen Ziele fasste er damals in dem Binom „gute Christen und verantwortungsbewusste Staatsbürger" zusammen und verfolgte dabei einen ganzheitlichen und präventiven Ansatz. „Don Bosco", wie er meist genannt wird, gehört zu den großen und bahnbrechenden Gestalten der christlichen Pädagogik und Sozialarbeit. Dabei war er ein begnadeter Praktiker, der sich vor allem auf seine Intuition und seine Erfahrung stützte, aber noch nicht auf eine wissenschaftliche Reflexion seiner Arbeit bauen konnte.
Im Geist Don Boscos sind heute weltweit ca. 14.500 Salesianer Don Boscos, 12.000 Don-Bosco-Schwestern und zahlreiche haupt- und ehrenamtliche Frauen und Männer in 120 Ländern im Dienst an unzähligen jungen Menschen tätig. Sie wirken in allen Tätigkeitsfeldern der Erziehung, der Jugendarbeit und der Jugendpastoral. In der Tradition Don Boscos gilt ihnen die „arme und bedürftige, die ausgegrenzte und gefährdete Jugend" als die erste Zielgruppe ihres Handelns, weil diese ihrem Stifter immer besonders am Herzen lag.
Die „Option für die Armen" im Geist des Evangeliums (vgl. Lukas 4,18f) war für Don Bosco prägend und leitend und ist nach wie vor ein bleibendes und unverzichtbares Wesensmerkmal für das Wirken in seinem Geiste. Auf der Basis des christlichen Menschenbildes ist es für uns als Salesianer Don Boscos daher selbstverständlich, dass kein Mensch aus der gesellschaftlichen Teilhabe ausgeschlossen werden darf. Schon gar nicht dürfen Kinder, Jugendliche oder junge Erwachsene abgeschrieben werden. Egal mit welchen Einschränkungen oder Belastungen sie den Weg ins Leben finden müssen: Alle haben ohne Ausnahme ein Recht auf Begleitung, Bildung und Förderung!

Darum ist es für uns als Jugendhilfeträger ein Skandal, wenn wir davon ausgehen müssen, dass es in Deutschland, einem der reichsten Länder der Welt, nach wie vor jährlich ca. 50.000 junge Menschen ohne Schulabschluss gibt, über zwei Millionen junge Menschen ohne Berufsabschluss, etwa 37.000 Straßenjugendliche und dass ca. 3,2 Millionen Kinder, Jugendliche und junge Erwachsene als armutsgefährdet gelten! Es ist zu befürchten, dass die Coronapandemie mit ihren Folgen diese Situation noch verschärfen wird.

Damit dürfen wir uns als Gesellschaft nicht abfinden! Wir Salesianer Don Boscos wollen unseren Beitrag dazu leisten, diese jungen Menschen mit den Mitteln unserer Pädagogik zu erreichen. Dazu wissen wir uns auch ermutigt durch Papst Franziskus, der immer wieder dazu aufruft, sich den Menschen am Rande zuzuwenden. Seit Jahren richten wir unsere Aufmerksamkeit auf die sog. „schwer erreichbaren" oder „entkoppelten" jungen Menschen. Dafür stehen die von uns initiierten bzw. mitgetragenen sog. „Respektprojekte": „Manege" im Don-Bosco-Zentrum in Berlin-Marzahn, „Back in Future" im Don-Bosco-Jugendwerk in Nürnberg sowie „WORK4YOU" im Don-Bosco-Club in Köln-Mülheim. Hier suchen wir, Antworten zu finden auf die Not der jungen Menschen, die am Rande unserer Gesellschaft leben, ihnen Chancen zu eröffnen und Lebenshilfe zu geben.

Inzwischen blicken wir auf viele Erfahrungen in der Arbeit mit schwer erreichbaren jungen Menschen zurück. So ist es uns ein Anliegen, unser pädagogisch-pastorales Handeln für diese besonders herausfordernde Zielgruppe wissenschaftlich zu reflektieren und sie konzeptionell weiterzuentwickeln. Wir sind Prof. Dr. Andreas Kirchner, Professor für Theorien und Methoden der Sozialen Arbeit an der Katholischen Stiftungshochschule in München, sehr dankbar, dass er uns in diesem Prozess wohlwollend, aber auch wissenschaftlich-kritisch begleitet und unsere Praxisreflexion in der hier vorgelegten Rahmenkonzeption für die Arbeit mit schwer erreichbaren jungen Menschen in Einrichtungen der Salesianer Don Boscos ins Wort gebracht hat. So konnte unser Nachdenken zu einer hilfreichen Selbstvergewisserung unserer Arbeit werden und kann zu ihrer fortwährenden Qualitätsentwicklung beitragen, die direkt den jungen Menschen zugutekommen wird.

Wenn wir die erarbeitete Rahmenkonzeption hiermit als Publikation vorlegen, dann deswegen, weil sie unseren zahlreichen Mitarbeiterinnen und Mitarbeitern einen Bezugsrahmen ermöglichen und ein Instrument zur ständigen Weiterbildung an die Hand geben soll. Zugleich möchten wir uns mit dieser Publikation dem wissenschaftlichen Diskurs und Austausch stellen. Und nicht zuletzt soll sie uns eine Unterstützung in unserem anwaltschaftlichen Engagement für die schwer erreichbaren jungen Menschen sein, damit wir denen eine Stimme geben können, die in unserer Leistungsgesellschaft leider allzu schnell überhört werden, wenn sie überhaupt noch den Mut haben, ihre Stimme zu erheben.

Am Schluss gilt mein ausdrücklicher Dank allen Mitarbeiterinnen und Mitarbeitern, die sich in den letzten Jahren an den unterschiedlichen Orten mit viel Herzblut für die entkoppelten jungen Menschen eingesetzt haben. Er gilt denen, die mit großem Engagement und viel Beharrlichkeit die Respektprojekte in unserer Provinz initiiert und vorangetrieben haben, ganz besonders P. Franz-Ulrich Otto, P. Christian Vahlhaus sowie Herrn Achim Jägers, und nicht zuletzt Herrn Karl Schiewerling († 2021) für seine politische Unterstützung. Und er gilt unseren Kooperationspartnern, allen voran den Schwestern von der hl. Maria Magdalena Postel und der Katholischen Kirchengemeinde St. Clemens und Mauritius in Köln-Mülheim, ohne die unser Engagement in Berlin und Köln nicht möglich wären.

München, den 31. Januar 2021,
am Fest des hl. Johannes Bosco

P. Reinhard Gesing SDB
Provinzial

1 Einleitung: prekäre Positionen

Als „Kunst zu leben" hat es Alice Salomon (1872–1948) einmal bezeichnet, sich selbst richtig zum Leben zu stellen (Salomon, 2004, 301)[1]. Aber Salomon hat schon zu Beginn der theoretischen Reflexionen wie auch der beruflichen Ausbildung im weiten Bereich der Wohlfahrtspflege nicht nur das Individuum im Blick gehabt, sondern auch seine sozialen Verhältnisse. Wie immer man das Feld markieren mag – ob als Wohlfahrtspflege, soziale Hilfen, Soziale Arbeit etc. –, Salomon hat diesen Bestrebungen ein doppeltes Ziel eingeimpft: „daß man entweder einem Menschen hilft, sich in der gegebenen Umwelt einzuordnen, zu behaupten, zurecht zu finden – oder daß man seine Umwelt so umgestaltet, verändert, beeinflußt, daß er sich darin bewähren, seine Kräfte entfalten kann. Persönlichkeitsentwicklung durch bewußte Anpassung des Menschen an seine Umwelt – oder der Umwelt an die besonderen Bedürfnisse und Kräfte des betreffenden Menschen" (Salomon, 2004, 308).

So alt die Formulierung aus dem Jahr 1926 auch sein mag – sie passt prägnant zu Perspektiven der Arbeit mit schwer erreichbaren jungen Menschen, auf die ein besonderer Fokus mit der vorliegenden Arbeit gelegt wird und welche seit einigen Jahren in den Blickpunkt sozialpolitischer wie auch sozialpädagogischer Herausforderungen gerückt sind. Wir müssen davon ausgehen, dass in Deutschland ca. 480.000 junge Menschen im Alter zwischen ca. 15–25 Jahren von organisierten Sozialsystemen in den Bereichen Bildung, Ausbildung, Arbeit und Hilfen nur sehr schwer oder nicht erreicht werden. Zur Fassung dieser Zielgruppe kursieren unterschiedliche Bezeichnungen wie NEETs (not in employment, education or training), Systemsprenger, Entkoppelte oder schwer erreichbar. Diese jungen Menschen haben besondere individuelle Schwierigkeiten, überhaupt an Bildung in

---

[1] An dieser Stelle ein Hinweis zur Zitation: Wörtliche Zitate stehen in Anführungszeichen, der Quellverweis erfolgt im Text direkt nach dem Zitat innerhalb des Satzes vor dem abschließenden Punkt. Ein Quellverweis im Text ohne ein vorhergehendes wörtliches Zitat in Anführungszeichen ist ein Vergleiche, allerdings ohne das übliche vgl. Seitenzahlen werden in beiden Fällen nicht mit dem Kürzel S. angegeben, sondern stehen als reine Zahl als letztes in der Folge Autor, Erscheinungsjahr, Seitenzahl. Falls nicht anders kenntlich gemacht, entsprechen Hervorhebungen in wörtlichen Zitaten dem Original; wörtliche Zitate sind nicht an die neue Rechtschreibung angepasst, sondern im Original belassen. Vgl. Kirchner, 2012, 11.

der Schule, einer Ausbildung, einer Arbeitsförderung oder Erwerbstätigkeit am ersten Arbeitsmarkt teilzuhaben. Sie sind in aller Regel eben nicht bzw. sehr schwer durch die organisierten Hilfe- und Sozialsysteme und ihre Angebote erreichbar.

Ganz analog zu Salomons doppelter Ausrichtung der Wohlfahrtspflege lässt sich auch schwere Erreichbarkeit als Zuschreibungsmerkmal in zwei Richtungen verstehen: schwer erreichbare junge Menschen und eine schwere Erreichbarkeit organisierter Soziallogiken. Die Lebensläufe dieser jungen Menschen sind häufig von Brüchen und belastenden Multiproblemlagen mit einer entsprechenden Routinisierung von dysfunktionalen Verhaltensweisen geprägt – aber auch die Logiken von klassischen Sozialleistungsträgern, Schulen, Ausbildungsbetrieben etc. passen mit ihren häufig (zu) einfachen Input-Output-Logiken wie auch Verstrickungen in und Differenzierungen zwischen unterschiedlichen Rechtskreisen nicht immer zu diesen jungen Menschen. Reine Zuschreibungen an die jungen Menschen gepaart mit einseitigen Wünschen an eine Verhaltensänderung der jungen Menschen helfen hier nicht weiter – honoriert wird eben das ja in aller Regel mit einem weiteren Rückzug – und einer damit einhergehenden schwereren Erreichbarkeit.

Sichtbar werden im weitesten Sinne *prekäre Positionen*. Gerade indem junge Menschen an Bildung, Ausbildung, Arbeit oder Hilfen nicht bzw. nur bedingt teilhaben, ist ihre Position in der sozialen Welt ganz im Sinne einer allgemeinen Wortbedeutung misslich, schwierig, bedenklich, heikel – eben prekär (Duden, 1973, 543; Duden, 1997, 654). Die sozialwissenschaftliche Forschung hat den Begriff des Prekären überwiegend an den Status einer unsicheren beruflichen und finanziellen Situation gebunden (Teupen, 2019, 12f) und im Hinblick auf die Dichte sozialer Verhältnisse von einer Zone der Verwundbarkeit gesprochen (Castel, 2000, 360f). Gemeint sind in diesen Kontexten damit noch nicht diejenigen, die exkludiert, entkoppelt, ausgeschlossen sind. Gegenüber solch einseitigen begrifflichen Fixierungen wird hier der Begriff des Prekären in seinem weiten Wortsinn eingesetzt, vor allem weil er gerade in der Phase der Jugend auf die „Unsicherheit, Labilität und Widerrufbarkeit der sozialen Positionierung, Anerkennung und Wertschätzung" (Teupen, 2019, 14) in einer möglichen Zukunft verweist. Prekär ist eben nicht nur die aktuelle Lage junger Menschen, sondern die Art und Weise, wie junge Menschen zu ihrem Leben Stellung nehmen, also ihren individuellen Lebensentwurf ins Prekäre entwerfen: Wie und mit welchen Möglichkeiten entwerfe ich mein Leben in einer Welt, in die ich mit einer bestimmten sozialen Position immer schon geworfen bin?[2]

Prekär sind aber auch die unterschiedlichen Positionen in Bildungs- und Ausbildungssystemen, Arbeitsorganisationen oder Sozialleistungs-Administrationen. Es sind geradezu die Spezifika der jeweiligen Sozial-Logiken, mit denen sie für ein bestimmtes Klientel in besonderen Lebenslagen schwer erreichbar werden. Wirklich prekär daran ist, dass sie damit ihre gesellschaftliche Funktion nicht erfüllen können. Wenn junge Menschen z.B. für die regulären Bildungs- oder Ausbildungssysteme nur schwer oder nicht erreichbar sind, sollte das nicht nur im Kontext der allgemeinen Schulpflicht betrachtet werden, sondern im Gesamten auch im Hinblick auf die Vergesellschaftung von jungen Menschen durch und in diesen Institutionen und damit auf ihre sozialen Verwirklichungschancen. Berührt werden letztlich die Vermittlungsverhältnisse von jungen Individuen und Gesellschaft, weil sich „die"[3] Gesellschaft mit ihren etablierten Institutionen in Bildung, Ausbildung, Arbeit oder sozialen Hilfen nicht mehr sicher sein kann, dass sie eben junge Menschen in ihren Institutionen erreicht[4].

Und noch einmal anders ist auch die Position von freien Trägern mit ihren Angeboten im Sozialleistungsgefüge vielfach prekär. Gerade die Entwicklung von Perspektiven in der Arbeit mit schwer erreichbaren jungen Menschen erfordert engagierte und kreative Angebote, die oftmals mit Vorleistungen der Träger verbunden sind – dem stehen aber durchaus Pro-

---

[2] Mit Heidegger lässt sich das als Sorge um das eigene Dasein in der Geworfenheit des Entwurfs verstehen: „Das Werden zu dem, was er in seinem Freisein für seine eigensten Möglichkeiten (dem Entwurf) sein kann, ist eine ‚Leistung' der ‚Sorge'. Gleichursprünglich bestimmt sie aber die Grundart dieses Seienden, gemäß der es an die besorgte Welt ausgeliefert ist (Geworfenheit). Der ‚Doppelsinn' von ‚cura' meint eine Grundverfassung in ihrer wesenhaft zweifachen Struktur des geworfenen Entwurfs" (Heidegger, 1972, 199).

[3] Ganz bewusst ist der Artikel in Anführungsstriche gestellt. „Denn Gesellschaft bezeichnet eben kein Subjekt, keine operierende Einheit, keine zu Intentionen, Zwecken oder Zielen strebende Entität, sondern nichts anderes als die zunächst ungeordnete, chaotische, sich selbst alles andere als ‚bewusste', ungeplante und in Echtzeit operierende Gesamtheit aller möglichen sozialen Handlungen, Kommunikationen, Prozesse, wie immer man die soziale Letzteinheit theoretisch bezeichnen will" (Nassehi, 2003, 162). Vielleicht ist es da manchmal sinnvoller, von *Gesellschaftlichkeit* zu sprechen.

[4] Zum Zusammenhang von Bildung, Sittlichkeit und Vergesellschaftung vgl. z.B. Spieker, 2019.

jektbeschränkungen, formale Bürokratiehürden, Zuständigkeitsabschiebungen oder die Unübersichtlichkeit der Rechtskreise des Sozialgesetzbuches entgegen. „In den Diensten und Sorgeleistungen der kommunalen oder staatlichen Verwaltung treffen wir auf eine systematische Prekarisierung der Prekaritätsbearbeiter, auf eine Verunsicherung der Unsicherheitsbewältiger und eine materielle Abwertung der Armutsverhinderer. (...) Es besteht die Gefahr, dass die Prekarität der öffentlichen Dienste langfristig den normativen Haushalt der Gesellschaft verändert und dazu beiträgt, die Maßstäbe der Gemeinwohlorientierung und der öffentlichen Verantwortung zu verschieben beziehungsweise zu demontieren" (Vogel, 2009, 207f).

Zumindest die prekäre Position der jungen, schwer erreichbaren Menschen selbst wird zunehmend von sozialpolitischer Seite in den Blick genommen – wenn auch noch nicht die damit verbundenen prekären Positionen von Trägern, Administrationen oder sozialen Leistungssystemen. Unter dem Diktum, dass keine jungen Menschen „verloren" gehen oder durch die Maschen der sozialen Leistungssysteme fallen dürfen, wurden über das Bundesministerium für Arbeit und Soziales (BMAS) zwischen 2015 bis 2018 im Bundesprogramm RESPEKT projektförmig Zugangsmöglichkeiten für die durch die Sozialleistungssysteme besonders schwer erreichbaren jungen Menschen gefördert und evaluiert. Am Bundesprogramm RESPEKT haben auch salesianische Einrichtungen in Berlin, Nürnberg und Köln teilgenommen. Zusätzlich zu den Erkenntnissen mit dem Bundesprogramm RESPEKT wurde im Jahr 2016 mit dem 9. Gesetz zur Änderung des Sozialgesetzbuchs II der Paragraf § 16h: Förderung schwer erreichbarer junger Menschen im SGB II (Grundsicherung für Arbeitsuchende) im Bereich der Eingliederungshilfen implementiert. Die Förderung dieser besonderen Zielgruppe der schwer erreichbaren jungen Menschen wurde zudem im Koalitionsvertrag 2018 von CDU, CSU und SPD noch einmal fokussiert: „Die Gruppe der schwer zu erreichenden Jugendlichen soll in dieser Legislaturperiode im Fokus stehen. Für eine Anwendung des § 16h Sozialgesetzbuch II wollen wir ab 2019 jährlich 50 Millionen Euro zur Verfügung stellen" (CDU/CSU/SPD, 2018, Z. 2302f, S. 51). Neben diesem Fokus des SGB II ist die Förderung von schwer erreichbaren jungen Menschen (hinsichtlich individueller Beeinträchtigungen und sozialer Benachteiligungen) natür-

lich auch Aufgabe der Kinder- und Jugendhilfe nach SGB VIII, insbesondere nach § 13 Abs. 2 SGB VIII.
Was hier von sozialpolitischer Seite aus in den Blick genommen wird – sicherlich und leider nur als Randnotiz – war seit jeher im Fokus der Tätigkeit der Salesianer Don Boscos als Orden, der sich voll der Arbeit mit jungen Menschen verschrieben hat. Es war immer ein besonderes Anliegen des Ordensgründers Don Boscos (1815–1888), sich um die ärmsten Jugendlichen zu kümmern. In dieser Tradition bildet auch heute noch die Sorge und Unterstützung für benachteiligte junge Menschen einen Schwerpunkt der Tätigkeit der Salesianer Don Boscos, um ein gelingendes Leben junger Menschen zu ermöglichen. Auf die „schwierige Kunst der Jugenderziehung" (Don Bosco, 2013, S. 13, Z. 10) hat Don Bosco nicht nur mit einem pädagogischen Präventivsystem der Anwesenheit, der Vorsorge, der Assistenz, der Beziehung gewirkt – wir wollen es hier im Verlauf im Gesamten als *wohlwollende Präsenz* entfalten. Er hat sich auch damals schon hinsichtlich der prekären Position der eigenen Tätigkeit sozial engagiert, publizistisch und sozialpolitisch gewirkt: Veranstaltungen zur Finanzierung der salesianischen Projekte durchgeführt, Gespräche mit sozialpolitischen Entscheidungsträgern gesucht, persönlich Ausbildungsmöglichkeiten seinen Jugendlichen vermittelt, öffentlich auf die problematische Situation der Jugendlichen aufmerksam gemacht, Denkschriften verfasst etc. (Weinschenk, 1987, 89ff). Im weitesten Sinne lässt sich sein Wirken damals und das der Salesianer heute in Jugendarbeit und gesellschaftlichen Fragen als *praktizierte Caritas* verstehen – für junge Menschen, die schwer erreichbar sind und für die auch soziale Systeme oftmals schwer erreichbar sind.

Um einführend noch einmal das Prekäre zu bedienen: In gewisser Hinsicht ist auch die Perspektive der vorliegenden Arbeit ein wenig prekär. Weder reine Forschungsarbeit noch reine Konzeption werden hier aus einer pragmatischen Perspektive theoretische, empirische, sozialstaatliche und praktische Kontexte zusammengeführt, welche für die Förderung schwer erreichbarer junger Menschen interessant und wichtig sind. Es wird ein Rahmen als Orientierungsgrundlage abgesteckt, der für die konzeptionelle Arbeit wie auch die Reflexion für die Arbeit mit schwer erreichbaren jungen Menschen relevant ist – in dieser Hinsicht wird die Arbeit als Rahmenkonzeption verstanden. Aber damit wird ein weites Feld aufgerissen, das möglicherweise nicht immer in einen einheitlichen Guss gebracht, in Einzelfällen nicht immer zufriedenstellend bestellt sein mag. Verwiesen sei auch darauf, dass die eher allgemeinen Teile neutral formuliert sind – sozusagen aus einer wissenschaftlichen Beobachterperspektive –, demgegenüber die konzeptionellen Teile ganz bewusst eine Wir-Perspektive einnehmen. Das hat einen konzeptionellen Sinn der intuitiven Zugänglichkeit aus explizit salesianischer oder tätiger Projekt-Perspektive, zugleich einen hermeneutischen Sinn des Verstehens von Gründen und Zielen durch das explizite Stellung-Nehmen – also Position zu beziehen[5]. Die vorliegende Arbeit darf und soll insofern als Stellungnahme verstanden werden: für Perspektiven in der Arbeit mit schwer erreichbaren jungen Menschen.

Die Bezeichnung schwer erreichbar wird grundlegend bevorzugt, da sie an Diskurslinien in der Sozialpolitik, der Jugendhilfe, des Bundesprogramms RESPEKT und vor allem an die Förderlogik des § 16h SGB II anschlussfähig ist. Einen zentralen Ausgangspunkt der Rahmenkonzeption bilden die Erkenntnisse zum Förderprogramm RESPEKT (Evaluation) und die Erkenntnisse der salesianischen Arbeit mit schwer erreichbaren jungen Menschen in Berlin, Nürnberg, Chemnitz, Köln, Heiligenstadt, Bamberg, Trier und Regensburg. Diese Rahmenkonzeption will im Sinne einer Landkarte[6]

→ relevante Kontexte hinsichtlich der Zielgruppe, unterschiedlichen Handlungsaufforderungen, rechtlichen Grundlagen, Maximen, methodischen Handlungsprinzipien und Schnittstellenproblematiken empirisch wie theoretisch herausarbeiten.

→ eine Orientierungsgrundlage für die konkrete Konzeptarbeit für die Förderung schwer erreichbarer junger Menschen in Einrichtungen der Salesianer Don Boscos sein.

→ eine Argumentationsgrundlage gegenüber öffentlichen Trägern, sozialpolitischen Entscheidungsträgern und der Fachöffentlichkeit schaffen, wozu fachliche, gesetzliche und methodische Perspektiven zusammengeführt werden.

---

[5] Der Sinn der Thematik als Deutung erschließt sich dem Autor eben dadurch, dass er zu kritisierbaren Geltungsansprüchen mit einem Potential an Gründen Stellung nimmt. „Und er kann nicht Stellung nehmen, ohne eigene Standards der Beurteilung anzulegen, Standards jedenfalls, die er sich zu eigen gemacht hat" (Habermas, 1987, 170).

[6] Vgl. exemplarisch die konzeptionellen Funktionen Integration, Orientierung, Verhaltenssteuerung, Systemgleichgewicht und Öffentlichkeitsarbeit bei Graf, 1995, 33ff.

→ aufzeigen, dass sich die spezielle salesianische Idee einer Pädagogik der wohlwollenden Präsenz mit einer ganzheitlichen Förderung nicht im luftleeren Raum bewegt, sondern gerade vor dem Hintergrund aktueller sozialer Herausforderungen sinnvoll – also an sozialstaatliche bzw. sozialpädagogische Logiken anschlussfähig – ist.

Das Vorliegende wird sich in dieser Hinsicht nicht einfach auf konkrete Einrichtungen übertragen lassen. Es stellt vielmehr eine wissenschaftlich fundierte Argumentationsgrundlage und praktische Orientierungs- bzw. Reflexionshilfe für das konkrete Handeln dar. Aus diesem Rahmen für die salesianische Tätigkeit mit schwer erreichbaren jungen Menschen können dann aber konkrete Maßnahmen vor Ort mit den jeweils zuständigen öffentlichen Trägern und Akteuren initiiert und weiterentwickelt werden. Die Rahmenkonzeption als Reflexion ist in dieser Hinsicht offen ...

2 Zielgruppe: schwer erreichbare junge Menschen

Im Fokus dieser Konzeption liegen junge Menschen zwischen ca. 15–25 Jahren, für die im sozialpolitischen und fachlichen Diskurs unterschiedliche Bezeichnungen kursieren:

- entkoppelte, ausgegrenzte junge Menschen (z.B. DJI, 2015),
- NEETs (not in employment, education or training) (z.B. EU-Rat, 2013; Eurofound, 2016),
- Systemsprenger (z.B. Baumann/Bolz/Albers, 2017),
- junge Menschen mit multiplen Vermittlungshemmnissen,
- Straßenjugendliche (z.B. Beierle/Hoch, 2017),
- schwer erreichbare junge Menschen (König et al., 2014; Umbach, 2015).

Trotz der Heterogenität der Bezeichnungen und der Zielgruppe selbst handelt es sich im Gesamten „um eine Hoch-Risiko-Klientel, welche sich in einer durch Brüche geprägten negativen Interaktionsspirale mit dem Hilfesystem, den Bildungsinstitutionen und der Gesellschaft befindet und diese durch als schwierig wahrgenommene Verhaltensweisen aktiv mitgestaltet" (Baumann, 2016, 85). Diese Gruppe an jungen Menschen zeichnet sich aus sozialrechtlicher Perspektive aus durch:

- besondere Belastungen des Lebens (§ 1 Abs. 1 SGB I),
- soziale Benachteiligungen und/oder individuelle Beeinträchtigungen (§ 13 Abs. 1 SGB VIII),
- erhöhte Angewiesenheit auf Unterstützung (§ 13 Abs. 1 SGB VIII),
- Schwierigkeiten, eine schulische, ausbildungsbezogene oder berufliche Qualifikation abzuschließen bzw. in ein selbständiges Arbeitsleben einzumünden (§ 16 h SGB II),
- individuelle Probleme der Beschäftigungsfähigkeit (§ 1 SGB III),

→ Probleme, überhaupt Sozialleistungen zu beantragen oder anzunehmen (§ 16h SGB II).

In der vorliegenden Konzeption wird der Begriff **„schwer erreichbare junge Menschen"** bevorzugt verwandt. Im Anschluss an das Bundesprogramm RESPEKT (BMAS, 2018) und den § 16h SGB II stehen in dieser Konzeption im Fokus:

→ Junge Menschen zwischen ca. 15–25 Jahren,

→ die aufgrund ihrer individuellen Lebenssituation Probleme haben, eine Vorstellung und einen Plan eines gelingenden, selbständigen Lebens zu entwickeln,

→ am Übergang Schule–Arbeit im Anschluss an den NEETs-Begriff Probleme haben, eine schulische oder berufliche Qualifikation zu erreichen oder ins Arbeitsleben einzumünden,

→ von den etablierten Formen organisierter Sozialleistungsangebote (Bildung, Hilfe, Arbeit, Sicherung) nicht erreicht werden oder diese nicht annehmen,

→ und in dieser mentalen, körperlichen und sozialen schweren Erreichbarkeit letztlich die etablierten Handlungslogiken der (Sozialleistungs-)systeme sprengen.

2.1 Begriffsklärungen: Not in Education, Employment or Training (NEETs) – Systemsprenger – Entkoppelte – schwer erreichbar

In Bezug auf die hier interessierende Zielgruppe der schwer erreichbaren jungen Menschen bestehen unterschiedliche fachliche und damit auch begriffliche Zugangsmöglichkeiten. So in sich unterschiedlich die Begriffe sind, ist es letztlich auch die Zielgruppe selbst. Und trotzdem weisen alle diese Begriffe auf eine ähnliche Symptomatik hin.

Vor allem in sozialpolitischer Hinsicht hat sich der **NEETs**-Begriff etabliert: NEET = Young people **n**either in **e**mployment nor in **e**ducation and **t**raining.

Dieser Begriff hielt Ende der 1990er-Jahre aus dem Vereinigten Königreich kommend Einzug in die politische Debatte der EU. Er wurde neben der reinen Quote der Jugenderwerbslosigkeit interessant, als sich in Folge der jüngsten Finanzmarkt- und Wirtschaftskrise zeigte, dass insbesondere junge Menschen von den Folgen besonders betroffen sind (Eurofound, 2016b, 6). Die NEETs-Rate ist ein zentraler sozialstatistischer Indikator, wie gut der Übergang ins Erwerbsleben junger Menschen gelingt – und damit ein wichtiger Indikator für Armutsgefährdung bzw. Armut (OECD, 2016, 14). Insbesondere junge Menschen, die sich weder in Arbeit noch in schulischer oder beruflicher Aus- bzw. Weiterbildung befinden, sind in besonders hohem Maß von Armut und Armutsgefährdung betroffen. „Besides the simplicity of computing offered by the NEET indicator, the main added value of the concept is to increase the understanding of the vulnerabilities of young people in modern societies, and to bring groups such as young mothers or young people with disabilities to the centre of the policy debate rather than have them hidden under the label of 'inactive'. Moreover, the concept of NEET had a powerful effect in catalysing public opinion on the specific problems faced by young people" (Eurofound, 2016b, 6). Allerdings ist Vorsicht mit einer Angabe der NEETs-Rate im Verhältnis zur gesamten Bevölkerung der gleichen Arbeitsgruppe geboten. Zum einen fasst die „Bezeichnung NEET (…) verschiedene Untergruppen junger Menschen mit unterschiedlichen Bedürfnissen" (EU-Rat, 2013, C120/1)[7] zusammen, zum anderen rechnen unterschiedliche Organisationen häufig mit unterschiedlichen Altersphasen:

→ Das Statistische Bundesamt der Bundesrepublik Deutschland wies für das Jahr 2017 eine NEET-Rate der 20- bis 24-Jährigen von 9 % aus. Dabei sank der Anteil insgesamt von 2007–2017 von 14 % auf 9 %. Im Mikrozensus wurden für das Jahr 2017 insgesamt 4.414.000 Menschen zwischen 20 bis unter 25 Jahren ausgewiesen; bei einer NEET-Rate von 9 % in dieser Altersspanne machte das 397.440 junge Menschen, die weder in Schule, Beschäftigung oder Weiterbildung waren.

---

[7] „Der NEET-Indikator ist zwar nicht ideal, doch trägt er als wesentliches Instrument dazu bei, das Ausmaß der vielschichtigen Problematik junger Menschen bezüglich der Erwerbsbeteiligung und des Risikos sozialer Ausgrenzung besser zu verstehen" (Eurofound, 2016, 2).

→ Im Jahr 2019 weist Eurostat die NEET-Rate für Deutschland in der Altersspanne der 15- bis 24-Jährigen mit 5,7 % aus. Für dasselbe Jahr weist Destatis anhand des Mikrozensus in eben dieser Altersspanne der 15- bis 24-Jährigen ca. 8.500.000 junge Menschen aus. Das bedeutet bei einer NEET-Rate von 5,7 % rund 484.000 junge Menschen „neither in employment nor in education or training".

→ Auch international legt z.B. die OECD eine nochmals deutlich größere Altersspanne an: „the number of 15-to-29 year-olds not in employment, education or training (NEETs)" (OECD, 2016, 14). Damit trägt die OECD demjenigen Umstand bewusst Rechnung, dass junge Menschen zunehmend länger in Ausbildung verbleiben und sich die Familienbildungsphase länger hinausschiebt (ebd.).

Zielgruppe: schwer erreichbare junge Menschen 27

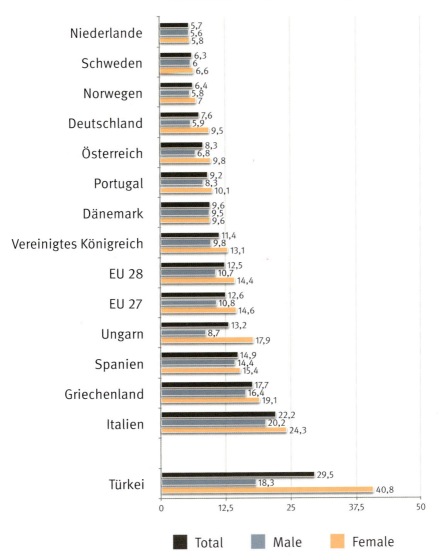

Abb.: Young people neither in employment nor in education and training (NEETs) 2019. Alter: 15–29 Jahre. Eigene Darstellung.

Datenquelle: [EDAT_LFSE_20__custom_843257]. URL: https://ec.europa.eu/eurostat/databrowser/bookmark/4acdd221-9ae5-4d95-86b1-1dfa89bafdfc?lang=en. Zugriff: 2021-04-20.

Im Zeitraum von 2010–2019 lag die NEETs-Rate in Deutschland konstant unterhalb des EU-Durchschnitts und ist mit 7,6 % der 15- bis 29-Jährigen im Jahr 2019 einer der niedrigsten Werte innerhalb der EU. Der Anteil der Frauen wird vom Statistischen Bundesamt, Eurostat und auch der OECD in aller Regel höher ausgewiesen wie derjenige der Männer. Insbesondere die OECD erklärt dies mit einer erhöhten Pflegeverantwortlichkeit von jungen Frauen gegenüber Kindern und Familienmitgliedern und traditionell bedingten Rollenbildern (OECD, 2016, 27).

In der NEETs-Rate wird zudem häufig unterschieden zwischen:

→ Unemployed NEET: beschäftigungslos, aber Arbeit suchend

→ Inactive NEET: nicht aktiv Arbeit suchend

Die OECD geht davon aus, dass ca. zwei Drittel der NEETs im weltweiten OECD-Durchschnitt nicht aktiv Arbeit suchen: aus Pflegeverpflichtungen (Kinder, Familienmitglieder), Gesundheitsproblemen, Substanzmittelmissbrauch oder dem Glauben, dass die Arbeitssuche eh erfolglos sein wird (OECD, 2016, 19). An dieser Stelle ist für die sozialen Sicherungssysteme problematisch, dass inaktive NEETs möglicherweise nicht durch die Beschäftigung oder Wohlfahrtssysteme registriert bzw. bekannt sind und damit schwer erreichbar sind: „Inactive NEETs ... can be particularly hard to reach" (OECD, 2016, 20). Die Fokussierung „schwer erreichbar" schließt damit direkt an die inactive NEETs an!

Zielgruppe: schwer erreichbare junge Menschen

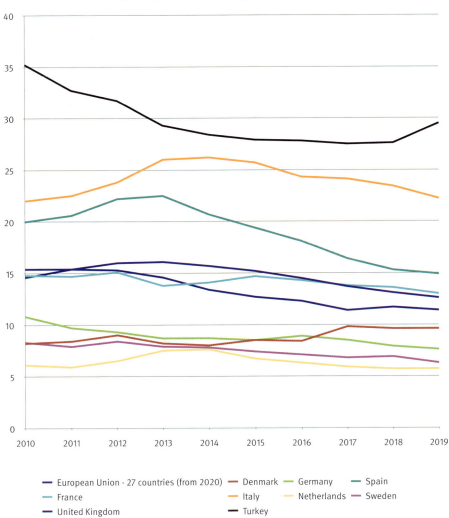

Abb.: Young people neither in employment nor in education and training – selektive NEETs-Raten im zeitlichen Verlauf. Alter: 15–29 Jahre. Eigene Darstellung.

Datenquelle: [EDAT_LFSE_20__custom_843257]. URL: https://ec.europa.eu/eurostat/data-browser/bookmark/4acdd221-9ae5-4d95-86b1-1dfa89bafdfc?lang=en. Zugriff: 2021-04-20.

Auch wenn die Entwicklung der NEETs-Rate für Deutschland in den letzten zehn Jahren rückläufig war, bleibt trotzdem sozialpolitischer Handlungsbedarf bestehen. Insbesondere junge Menschen sind am Übergang in das Erwerbsleben besonders gefährdet, weil sie in aller Regel noch „wenig Berufserfahrung haben, bisweilen ungenügend ausgebildet sind, oft nur einen geringen Sozialschutz genießen, beschränkten Zugang zu Finanzmitteln haben oder in prekären Beschäftigungsverhältnissen arbeiten" (EU-Rat, 2013, C 120/1). So betont auch eine Studie des DJI, dass „Jugendliche insbesondere mit Erreichen der Volljährigkeit gegenüber sozialen Risiken ausgesprochen exponiert sind. Dies ist der Gleichzeitigkeit des Herausgedrängtseins aus dem Jugendhilfesystem und dem Ausgesetztsein gegenüber den neuen Anforderungen durch Arbeitswelt und so genannter Sozialbürokratie geschuldet" (DJI, 2015, 38). Gerade mit Blick auf den zukünftigen Lebenslauf bestehen bei der Gruppe der schwer erreichbaren jungen Menschen also besondere Gefährdungen:

→ „ein höheres Risiko, künftig arbeitslos zu werden,

→ ein niedrigeres Einkommensniveau in der Zukunft,

→ der Verlust von Humankapital,

→ das Hineingeraten in den generationsübergreifenden Armutskreislauf oder

→ das Aufschieben einer Familiengründung, wodurch negative demografische Entwicklungen zusätzlich verstärkt werden" (EU-Rat, 2013, C 120/1).

Alternativ wird im Anschluss an das englische „disconnected youth" der Begriff **Entkoppelte** für schwer erreichbare junge Menschen verwendet. Beispielsweise in einer Publikation des DJI unter dem Titel „Entkoppelt vom System" wird die Zielgruppe wie folgt definiert: „Hierbei handelt es sich um junge Menschen [mit problematischen Lebenslagen; AK, vgl. DJI, 2015, 10] zwischen 15 und 27 Jahren, die aus sämtlichen institutionellen Kontexten herausgefallen sind, d.h. sich weder in Schule, Ausbildung oder Erwerbsarbeit befinden, noch kontinuierlich SGB II-Leistungen in Anspruch nehmen" (DJI, 2015, 44; vgl. ebenso DJI, 2015, 38)[8]. Entkoppelte junge Menschen werden hier genau wie NEETs dadurch bestimmt, dass sie weder in Schule, Ausbildung oder Erwerbsarbeit sind – allerdings sogar mit der Erweiterung, dass sie auch vom System der Grundsicherung für Arbeitsuchende (SGB II) entkoppelt sind. Genau wie in der NEETs-Debatte wird eine Entkoppelung dieser jungen Menschen von gesellschaftlich organisierten Systemen der Bildung, Aus- und Weiterbildung, der Beschäftigung oder der Grundsicherung registriert. Problematisch ist, dass den in aller Regel besonders belasteten Lebenssituationen dieser entkoppelten jungen Menschen durch die etablierten sozialen Organisationssysteme kaum geholfen werden kann, gerade weil sie durch ihre Entkoppelung für diese schwer erreichbar sind.

Eine besondere Gruppe entkoppelter Jugendlicher stellen dabei **Straßenjugendliche** dar. In einer Publikation des DJI sind damit wohnungslose bzw. obdachlose junge Menschen zwischen ca. 14 bis 27 Jahren gemeint, „die keinen festen Wohnsitz haben oder sich für eine nicht vorhersehbare Zeit abseits ihres gemeldeten Wohnsitzes aufhalten" (Beierle/Hoch, 2017, 7). Die Wohnsituation von Straßenjugendlichen ist in aller Regel prekär und auch die allgemeine Lebenssituation durch permanente Wechsel hinsichtlich der örtlichen und sozialen Räume gekennzeichnet (Straße, Brücken, Abbruchhäuser, Unterbringungen mit begrenzter Aufenthaltsdauer, temporäres Unterkommen bei Bekannten, Notschlafstellen, Jugendhilfeeinrichtungen, in absoluten Notsituationen bei der Familie etc.). Neben dieser Diskontinuität der örtlichen und damit einhergehenden sozialen Bezüge stellt „die Straße" die zentrale kontinuierliche Hauptsozialisationsinstanz dar. Trotz der organisierten Möglichkeiten der Hilfe und Sicherung

---

[8] Interessant ist, dass die Studie zu entkoppelten jungen Menschen des DJI trotz gleicher Zielgruppendefinition ohne Rekurs auf die NEETs-Thematik auskommt! Aufgrund einer eigenen Berechnungsgrundlage kommt besagte Studie im Jahr 2015 auf eine Zahl von 21.000 minderjährigen entkoppelten jungen Menschen. „In einer Näherungsschätzung, die das Dunkelfeld der ‚entkoppelten Jugendlichen' betrachtet, kann davon ausgegangen werden, dass ca. 21.000 Minderjährige in Deutschland zu den ‚entkoppelten Jugendlichen' gezählt werden. Dies sind also Jugendliche, die im Sinne unserer Arbeitsdefinition aus allen institutionellen Kontexten (wie z.B. Schule oder Ausbildung) herausgefallen sind. Davon gelten ca. 8.500 Minderjährige als wohnungslos" (DJI, 2015, 45). Verglichen mit der NEETs-Rate der offiziellen Statistik muss diese Zahl als deutlich zu gering betrachtet werden.

öffentlicher Institutionen haben sich diese jungen Menschen „von Familie und Institutionen abgewandt" und gehen ihren Weg einer „gesellschaftlichen Abkopplung" (Beierle/Hoch, 2017, 4). Die Datenerhebung in Bezug auf Straßenjugendliche ist besonders schwierig, weil diese jungen Menschen sich tatsächlich durch den Lebensraum Straße am deutlichsten von den öffentlichen Institutionen abkoppeln und damit für die Statistik am schwersten erreichbar sind. Das DJI geht im Jahr 2017 in einer eigenen Hochrechnung von ca. 37.000 Straßenjugendlichen in Deutschland aus (ebd., 9).

Insbesondere im Bereich eher individualorientierter Zugänge im Bereich der Jugendhilfe oder Psychiatrie kursiert seit einiger Zeit der Begriff **Systemsprenger**. Der Begriff Systemsprenger ist dabei umstritten, wird in aller Regel nicht als reine Zuschreibung an die jeweilige Person eingesetzt, sondern zielt vielmehr auf ein „Sprengungsverhältnis" ab, in dem die jeweiligen Konstellationen von besonderem Individuum und organisierten Hilfeformen nicht zueinander passen: Letztlich „sprengen" die individuell bedürfnisorientierten Verhaltensweisen der Individuen die Handlungslogiken der organisierten Unterstützungssysteme und werden dadurch für diese nicht mehr erreichbar. „Das Hilfesystem und die einzelnen Akteure dieser Settings kommen an Grenzen ihrer pädagogischen Arbeit, und Hilfeplanungsprozesse scheinen diese jungen Menschen nicht zu erreichen" (Bolz/Albers/Baumann, 2019, 299).

> *„Unter psychiatrischen Fachkreisen werden vor allem ‚PatientInnen', die mehrere Stationen der Versorgung durchlaufen haben und sich aufgrund eines hohen Grades von herausfordernden Verhaltensweisen in keine vorhandenen Angebote integrieren lassen, zu einer Gruppe gezählt, die besonders häufig von geschlossenen Unterbringungen oder anderen Formen der sozialen Exklusion (z. B. Obdachlosigkeit) betroffen sind. In der Literatur hat sich zur Bezeichnung dieser Patientengruppe der umstrittene Begriff „Systemsprenger" etabliert" (Giertz/Gervink, 2017, 106).*

> *Es handelt sich im Gesamten „um eine Hoch-Risiko-Klientel, welche sich in einer durch Brüche geprägten negativen Interaktionsspirale mit dem Hilfesystem, den Bildungsinstitutionen und der Gesellschaft befindet und diese durch als schwierig wahrgenommene Verhaltensweisen aktiv mitgestaltet" (Baumann, 2016, 85).*

"Besonders von Brüchen geprägte negative Erfahrungen mit dem Hilfesystem können dazu führen, dass junge Menschen zu ‚Systemsprengern' werden. Die Entwicklung (und Manifestierung) eskalierender Verhaltensweisen bis zur Sprengung des Systems beschreibt dabei einen Interaktionsprozess zwischen diesen jungen Menschen und dem sie umgebenden Hilfesystem" (Bolz/Albers/Baumann, 2019, 298).

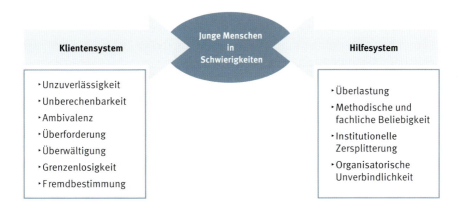

Abb.: „Systemsprengende" Dynamiken
Quelle: Bolz/Albers/Baumann, 2017, 297. Layout angepasst.

Schwere Erreichbarkeit ist vielleicht die zentrale Formel für das problematische Verhältnis zwischen jungen Menschen in besonders belasteten Lebenssituationen und etablierten Organisationssystemen im Bereich Bildung, Arbeit, Hilfe, Sicherung. Die Formel „schwer erreichbar" wird zentral in der NEETs-Thematik sichtbar („hard to reach"), zeigt sich als Beschreibungsmerkmal in Untersuchungen zu Entkoppelten, Systemsprengern und Straßenjugendlichen und zielt exakt auf jenen Sachverhalt, dass eine Gruppe junger Menschen für Organisationen und Institutionen der Sozialleistungssysteme schwer erreichbar ist[9]. Im sozialpolitischen Diskurs in Deutschland hat sich die Bezeichnung „schwer erreichbar" insbesondere durch das Bundesprogramm RESPEKT und den § 16h SGB II etabliert.

---

[9] So „ist die Zielgruppe von RESPEKT insbesondere dadurch gekennzeichnet, dass sie sich mit staatlichen, institutionellen oder geregelten Strukturen schwertut" (BMAS, 2018, 15).

Die „Zielgruppe von RESPEKT ist insbesondere dadurch gekennzeichnet, dass sie sich mit staatlichen, institutionellen oder geregelten Strukturen schwertut" (BMAS, 2018, 15).

2.2 Merkmale und Charakteristika schwer erreichbarer junger Menschen

Grundlegend muss festgestellt werden, dass die Zielgruppe schwer erreichbarer junger Menschen durch **Heterogenität** geprägt und eine eindeutige charakterisierende Fassung schwierig ist.
Beispielsweise zur NEETs-Thematik macht Eurofound darauf aufmerksam, dass „NEETs (…) eine sehr heterogene Bevölkerungsgruppe" sind (Eurofound, 2016, 2)[10]: etwa Personen, die schon eine Beschäftigung oder Weiterbildung in Aussicht haben, Beschäftigungslose für kurze Zeit, Langzeitarbeitslose, Personen, die aufgrund von Krankheit oder Beeinträchtigungen nicht beschäftigungsfähig sind, entmutigte Arbeiter, Auszeitsuchende und andere (Eurofound, 2016b, 45; vgl. ebenso OECD, 2016, 23ff).
Der statistische Zugriff über die NEETs-Rate spiegelt sich dabei auch in einer Unschärfe in der fachlichen Debatte und der Praxis wider. Es wird gesprochen von Trebegängern, Straßenkids, DropOuts, wohnungs- und obdachlosen, abgehängten, marginalisierten, exkludierten, verlorenen oder entkoppelten jungen Menschen. „Es gibt mittlerweile zwar ein vielfältiges sozialwissenschaftliches Begriffsrepertoire, um Ausschluss- und Einschlussdynamiken von Jugendlichen benennbar zu machen. Allerdings fällt auf, dass nahezu alle Begriffe bzw. Begrifflichkeiten eine erhebliche Unschärfe hinsichtlich ihrer definitorischen Grenzen aufweisen" (DJI, 2015, 10). So halten z.B. auch Untersuchungen explizit zu Straßenjugendlichen fest, dass „die betrachtete Personengruppe (…) sehr weit gefächert und nicht nur auf bestimmte junge Menschen ohne festen Wohnsitz beschränkt" ist (Beierle/Hoch, 2017, 9). Ein ähnliches Bild zeigt sich bei „Systemsprengern": „Bisher ist es nicht gelungen, diese Gruppe anhand spezifischer Merkmale zu beschreiben und personenbezogene Faktoren zu identifizieren, welche die Versorgungsproblematik angemessen erklären. Vielmehr wird davon ausgegangen, dass ‚Systemsprenger' aufgrund eines

---

[10] Zur Vielfalt von NEETs vgl. ausführlich Eurofound, 2016b.

individuellen und komplexen Hilfebedarfs nicht in der beabsichtigten Weise von den bestehenden Versorgungssystemen profitieren und dadurch bedroht sind, geschlossen untergebracht zu werden oder anderweitig aus dem Versorgungssystem herauszufallen" (Giertz/Gervink, 2017,109).

> „Die individuellen Lebenslagen dieser jungen Menschen, ihre biographischen Verläufe, ihre Erfahrungen und Beziehungen zu den Sozialleistungsträgern bzw. zu Organisationen und in der Folge auch die Handlungsbedarfe können dabei vollkommen heterogen sein" (BA, 2018, Z. 75–78).

Diese Heterogenität der schwer erreichbaren jungen Menschen – „dass die Problemlagen der Teilnehmenden sehr individuell sind und mitunter stark differieren" (BMAS, 2018, 33) – spiegelt sich auch in den äußerst **multiplen Problemlagen** der jungen Menschen wider. Insbesondere im Bundesprogramm RESPEKT wurde deutlich, „dass viele der Teilnehmenden multidimensionale Problemlagen aufweisen und diese in vielen Fällen durch eine lange Historie gekennzeichnet sind. Oftmals ziehen Herausforderungen in einer Lebenslage weitere Schwierigkeiten nach sich, was zu einer Verstärkung der Problembelastung führen kann. Die (multiplen) Problemlagen sind zu Beginn der Projektteilnahme nicht notwendigerweise immer offensichtlich" (BMAS, 2018, 33)[11]. Anhand der ausführlichen Evaluation des Bundesprogramms RESPEKT zur Förderung schwer erreichbarer junger Menschen zwischen 15 bis 25-Jahren zeigen sich multiple Belastungen in der Lebenssituation junger Menschen (BMAS, 2018, 33ff):

→ Konflikte in der Herkunftsfamilie

→ gesundheitliche Einschränkungen (physisch: z.B. Herzerkrankungen, Einschränkungen des Bewegungsapparates; psychisch: Depression, Borderline-Syndrom, Suizidalität)

→ drohende bzw. eingetretene Wohnungslosigkeit (Konflikte zuhause, Couchsurfing bei Bekannten, Obdachlosigkeit)

→ mangelnde Grundkompetenzen (Zuverlässigkeit, Pünktlichkeit, Fähigkeit zur Alltagsorganisation, Durchhaltevermögen etc.)

---

[11] „Denn häufig sind es multiple Problemlagen, die sich wechselseitig verschärfen" (BMAS, 2018, 16).

- → Schulden (aufgrund fehlendes Einkommens)
- → Schulmüdigkeit, Schule schwänzen, genereller Schulabsentismus
- → Suchtproblematik (Cannabis, Alkohol, virtuelle Medien, Konsolen etc.)
- → Delinquenz (Diebstahl, Schwarzfahren, Körperverletzung, Drogenhandel etc.)
- → unangemessenes Sozialverhalten (aggressives Auftreten, respektloses Verhalten)
- → geringe bzw. unzureichende schulische bzw. berufliche Qualifizierung (92,9 % verfügten über keinen Berufsabschluss, 41,9 % über einen Hauptschulabschluss und 31,6 % über keinen Schulabschluss)
- → Orientierungs- bzw. Perspektivlosigkeit hinsichtlich der eigenen Lebensgestaltung
- → negative Erfahrungen mit den Sozialleistungssystemen
- → stillschweigende Verweigerungen in Maßnahmen
- → Kontaktverweigerung aufgrund fehlender Motivation, Überforderung, schlechten Erfahrungen

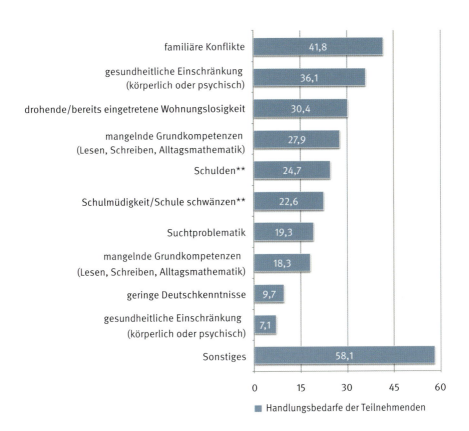

Abb.: Probleme schwer erreichbarer junger Menschen im RESPEKT-Programm

Quelle: BMAS, 2018, 34. Datenquelle: Monitoring – Teilnehmenden-Fragebögen (n = 2.632, Mehrfachangaben); k.A.: 1,5 %; *n = 1.277, k.A.: 3,1 %; **n = 1.241, k.A.: 0,3 % © INTERVAL 2018. Eigene Darstellung.

Wie viele Untersuchungen zu Entkoppelten, jungen Systemsprengern, Straßenjugendlichen etc. empirisch eindeutig aufzeigen, ist die Lebenssituation schwer erreichbarer junger Menschen häufig durch **komplexe Problemkonstellationen und Konflikte in den Herkunftsfamilien** geprägt. „Dazu gehören gehäufte familiäre Konflikte, eine belastete Beziehung, fehlende gemeinsame Zeit und Kommunikation, ein problematisches Problemlöseverhalten, mangelndes Vertrauen und fehlender Rückhalt durch die Eltern/Erziehungsberechtigen, ein inkonsequentes zurückweisendes Erziehungsverhalten, Vernachlässigung oder Gleichgültigkeit gegenüber dem Kind"

(König et al., 2014, 241). Schwere Erreichbarkeit hat deshalb in aller Regel eine lange Historie, weshalb auch die Konstellation aus Selbstwertgefühl, sozialer Anerkennung und Selbstwirksamkeitserfahrung bei diesen jungen Menschen negativ geprägt ist.

„Die Herkunftsfamilien der befragten jungen Menschen sind oft von komplexen Problemkonstellationen gekennzeichnet und sie berichten von Erfahrungen mit Gewalt, emotionaler Vernachlässigung, Verwahrlosung und materieller Not" (DJI, 2015, 45).

„Häufig berichten die Jugendlichen von Gewalterfahrungen und/oder Verwahrlosungstendenzen in den Herkunftsfamilien. Außerdem spielen Armut, Arbeitslosigkeit, Überschuldung, niedrige Bildungsabschlüsse der Eltern sowie eine Suchtproblematik, wie beispielsweise Alkoholismus, bei mindestens einem Elternteil eine Rolle" (Beierle/Hoch, 2017, 14).

Im RESPEKT-Programm wurde an allen Standorten hervorgehoben, „dass das Verhältnis der Teilnehmenden zu ihrer Herkunftsfamilie in vielen Fällen sehr konfliktbehaftet oder der Kontakt ganz abgebrochen sei. Berichtet wird von Konflikten im Elternhaus (Gewalt, Auseinandersetzungen mit [Stief-]Eltern), der Trennung der Eltern oder dem frühen Tod eines nahen Verwandten. Oftmals wird erwähnt, dass in der Herkunftsfamilie Alkohol-, Drogen- und Schuldenprobleme bestehen, dass die Eltern bereits lange Sozialleistungen beziehen und einer Ausbildung oder Arbeitsaufnahme der Kinder keinen Wert beimessen. Insgesamt fehle es den jungen Menschen häufig an Unterstützung, Fürsorge, Rückhalt und Motivation sowie einer Ansprechperson im Elternhaus" (BMAS, 2018, 37).

Jungen Menschen fehlen in Familienkonstellationen, die von Armut, finanziellen Einschränkungen, Gewalt, Arbeitslosigkeit, Trennungsproblematiken, niedrigem Bildungsniveau, Suchtproblematiken, keiner Bildungsambition für die Kinder etc. geprägt sind häufig die sozialen Ressourcen, um eigene personale Ressourcen für einen gelingenden Übergang in ein selbstständiges Leben zu meistern. Dies korreliert in der Konsequenz mit **Diskontinuitäten im Lebenslauf.** Im zeitlichen Verlauf kommt es vermehrt zu Wechseln (Macsenaere, 2014, 26): ob von Wohnorten, Schulen, Schulformen, Schlafgelegenheiten, Bezugspersonen, institutionellen Anbindungen etc. Kontinuierlich ist eigentlich die Diskontinuität.

"Generell zeigt sich, dass die Lebensverläufe der befragten jungen Frauen und Männer durch eine Vielzahl verschiedener Stationen und teilweise mehrerer Ortswechsel gekennzeichnet ist. Diese Ortswechsel fanden häufig aus den östlichen Bundesländern in westdeutsche Großstädte statt. Es wechseln sich Zeiten, in denen die Jugendlichen in der Familie gelebt haben, mit solchen ab, bei denen sie in Heimen oder in Pflegefamilien untergebracht waren. Auch Zeiten von Obdachlosigkeit oder Couchsurfing werden von den Befragten benannt" (DJI, 2015, 45).

"Wenn ein junger Mensch erst einmal als schwierig im Hilfesystem definiert ist, ist die Auflösung dieser Etikettierung äußerst schwer. Ein stetiger Wechsel zwischen Maßnahmenneubeginn und Maßnahmenabbruch steht sinnbildlich für die bereits in zahlreichen Beziehungen gemachten ambivalenten Erfahrungen. In der Konsequenz schafft das Hilfesystem seinerseits eine erneute Diskontinuität" (Bolz/Albers/Baumann, 2019, 299).

Diskontinuität bei unterstützenden Angeboten und professionellen Bezugspersonen entsteht dabei auch durch die Schnittstellenproblematik der Rechtskreise. Etwa fallen Jugendliche mit Erreichen des 18. Lebensjahres häufig aus den Unterstützungsleistungen der Jugendhilfe „heraus" und sind auf Leistungen nach SGB II angewiesen. Damit brechen letztlich auch vertraute persönliche und organisationale Beziehungen – und die Bindungsdiskontinuität erfährt eine weitere Episode (BMAS, 2018, 42).

In den Diskontinuitäten im Lebenslauf – z.B. Kontaktabbrüche zur Herkunftsfamilie, Schulabsentismus bis hin zum vorzeitigen Abbruch, Scheitern von Hilfen zur Erziehung, Wohnortwechsel etc. – zeigen sich vor allem **Probleme mit der Integration in organisierte Soziallogiken.** Die Fluktuationen, Brüche und Entkopplungen von Familie, Bildung, Weiterbildung, Arbeit, Hilfesystemen etc. verweisen bei der Gruppe schwer erreichbarer junger Menschen zum einen auf eine mangelnde Kompetenz, Bereitschaft oder personale Ressourcen, sich auf die jeweiligen sozialen Logiken einzulassen bzw. sich in ihnen zurecht zu finden, zum anderen aber auch auf die Nicht-Erreichbarkeit dieser sozialen Settings für die jeweiligen individuellen problematischen Bedürfnislagen der jungen Menschen. Nämlich in der Logik der schwer erreichbaren jungen Menschen machen sich auch die Institutionen der Sozialleistungssysteme mit Sanktionsmechanismen, standardisierten Regelangeboten, Teilnahmelisten, unverständlichen bürokratischen Formularen, Sicherheitsschranken in Ämtern, ambulanten Aushilfsangeboten und anderem schwer erreichbar.

„Das Fernbleiben von der Schule wird hier weniger mit Überforderung oder Lernabneigung begründet als vielmehr mit der Schwierigkeit, sich im Sozialsystem Schule zurechtzufinden. Oftmals kommt es auch zu einem deutlichen Leistungsabfall und Klassenwiederholungen, Wechsel von Schulen und schließlich zum endgültigen Abbruch der Schule" (Beierle/Hoch, 2017, 15).

So *„sind die Hilfeverläufe dieser Zielgruppe [der Systemsprenger; AK] geprägt von Delegationsmechanismen einzelner Institutionen, und die jungen Menschen werden nicht selten durch verschiedene Hilfesysteme hindurchgereicht. In der Folge ist eine Pendelbewegung zwischen Systemen der Kinder und Jugendhilfe, der Kinder und Jugendpsychiatrie und/oder Einrichtungen der Justiz zu beobachten. Das Hilfesystem und die einzelnen Akteure dieser Settings kommen an Grenzen ihrer pädagogischen Arbeit, und Hilfeplanungsprozesse scheinen diese jungen Menschen nicht zu erreichen"* (Bolz/Albers/Baumann, 2019, 299).

Aufgrund der beschriebenen Problemmerkmale ist die Idealvorstellung eines einfach so gelingenden Übergangs von der Schule in ein selbstständiges (Erwerbs-)Leben häufig nicht unmittelbar erreichbar – schwer erreichbare junge Menschen haben möglicherweise vielfach Scheitern, Vernachlässigungen und Exklusion erlebt. In Konsequenz solcher negativer Interaktionsdynamiken zwischen jungen Menschen und sozialen Organisationsformen kommt es letztlich zu Rückzugsbewegungen und Entkopplungsphänomenen, die bei den Betroffenen jungen Menschen sich zu grundlegenden Negativhaltungen gegenüber den Institutionen des Sozialleistungssystems ausformen (können) (BMAS, 2018, 42). Die Konsequenz bzw. Reaktion: schwere Erreichbarkeit!

Im Bundesprogramm RESPEKT wurden folgende **Gründe für die schwere Erreichbarkeit** identifiziert (BMAS, 2018, 40ff):

→ „fehlende persönliche Kompetenzen (z.B. Aufmerksamkeit für eigene Probleme, Selbstregulation, Fähigkeit, Bindungen einzugehen)

- → unzureichende kognitive Kompetenzen (z.B. um Lösungswege für die eigenen Probleme zu finden, Überforderung mit Anträgen, etc.)
- → negative Haltungen gegenüber dem Sozialleistungssystem (z.B. fehlendes Vertrauen, Aversionen gegenüber zuständigen Personen etc.)" (BMAS, 2018, 42)
- → negative Erfahrungen mit Institutionen (Jobcenter, der Agentur für Arbeit, Jugendamt etc.)
- → keine/schwierige ‚Passung' von individuellen multiplen Problemlagen und standardisierten Organisationsleistungen
- → fehlende ‚geregelte' Tagesstruktur aufgrund längerer Phasen des ‚Nichtstuns'
- → Rückzug aus der Grundsicherung durch Aversion gegen Sanktionen mit daraus folgender schwerer Erreichbarkeit
- → Gefühl der Überforderung im Umgang mit Institutionen
- → keine oder nicht ausreichende Information über mögliche Sozialleistungen
- → kommunikative Barrieren (schwierige Fachbegriffe, unverständliche Anträge, Sprachschwierigkeiten)

Selektive „Synopse" zu Merkmalen schwer erreichbarer junger Menschen

Zielgruppe: schwer erreichbare junge Menschen im Kontext § 13 SGB VIII
Quelle: Umbach, 2015, 8.

Merkmale/Charakteristika:
- ein übermäßiger kompensatorischer Medienkonsum – teils auch problematischer Inhalte – begleitet von zusätzlicher starker Nutzung sozialer Netzwerke
- Freizeitgestaltung, die von Phantasie- und Interessenlosigkeit sowie von geringer Initiative für neue Angebote, Chillen und Abhängen geprägt ist
- im sozialen Umfeld mangelt es an positiven Vorbildern und vor allem männlichen Bezugspersonen
- Isolierungstendenzen, geringe soziale Einbindung und bewusster sozialer Rückzug prägen das Sozialverhalten
- mangelnde und unrealistische Zukunftsvorstellungen sind Ausdruck von empfundener Perspektiv- und Chancenlosigkeit
- sozial abweichendes Verhalten, Passivität und Schulverweigerung
- lebenskritische Ereignisse wie Trennungserlebnisse, Vernachlässigung, Schul- und Ausbildungsabbrüche und/oder traumatische Erfahrungen verbunden mit Angst und Misstrauen gegenüber Bindungen
- massive erzieherische Defizite bei Eltern und Erziehungsberechtigten
- Missbrauch bzw. Abhängigkeit von Suchtmitteln und häufige psychische Erkrankungen
- wenig Vertrauen in die eigene Selbstwirksamkeit

Zielgruppe: psychisch erkrankte „Systemsprenger"
Quelle: Giertz/Gervink, 2017, 110.

Merkmale/Charakteristika:
- Schwierigkeiten, sich in Gruppen einzuordnen
- Impulsivität, Unfähigkeit zur angemessenen Selbststeuerung
- unzuverlässige Medikamenteneinnahme
- geringe Krankheitseinsicht
- unkooperatives oder manipulatives Verhalten

Zielgruppe: schwer erreichbare junge Menschen im Kontext § 13 SGB VIII
Quelle: Gurr/Kaiser/Kress/Merchel, 2016, 90ff.

Merkmale/Charakteristika:
- fehlendes finanzielles Unterstützungspotenzial in Herkunftsfamilien
- Erfahrungen mit eigenem Transfergeldbezug
- psychische und physische Beeinträchtigungen (Depressionen, Essstörungen, Suizidalität, Psychosen etc.)
- Instrumentalisierung von Alkohol-/Drogenkonsum zur Bewältigung belastender Lebenssituationen
- desolate Wohnsituationen bis hin zur Obdachlosigkeit
- Kontakt zu Polizei und Gerichten im Zuge von Kriminalität
- Gewalterfahrungen in der eigenen Partnerschaft
- stark konflikt- und problembehaftete Familienverhältnisse
- reduzierte Kontakte innerhalb der Familie
- Erziehung in der Familie eher begrenzend und wenig unterstützend im Hinblick auf einen Lebensplan
- Mangel an schulischer Qualifikation und motivierenden Bildungserlebnissen
- kaum Vorstellungen gelingender Berufsbiographien
- vorwiegend begrenzende Erfahrungen mit stationären Aufenthalten in der Jugendhilfe
- Schwierigkeiten, den Anforderungen in der Organisation Schule gerecht zu werden (Scheitern an Lernanforderungen, eigenes Desinteresse, Lustlosigkeit, schwieriges Ankommen durch häufige Wohnortwechsel etc.)

Zielgruppe: „Schwierigste" der Jugendhilfe aus psychiatrischer Perspektive
Quelle: Dieffenbach, 2014, 52f.

Merkmale/Charakteristika:
- Trebegang
- Verweigerung von klärenden Gesprächsangeboten
- Straffälligkeit bzw. Promiskuität
- Missbrauch von Suchtmitteln (Alkohol, Drogen)
- Schulabsentismus
- Durchführung von Zwangsmaßnahmen
- mangelnde Kompetenz, die eigene Situation zu reflektieren oder Lösungen im Sinne einer sozialen Passung zu finden
- pädagogische Maßnahmen folgten auf psychiatrische Erstaufenthalte

Zielgruppe: schwierigste junge Menschen in individualpädagogischen Maßnahmen
Quelle: Lichtenberger, 2014.

Merkmale/Charakteristika:
- vorausgegangene Heimaufenthalte
- vorausgegangene ambulante Hilfen
- sehr häufig psychiatrische Aufenthalte
- in der Herkunftsfamilie: Vernachlässigung, Misshandlung, Missbrauch, Alkohol- und Drogenkonsum, Trebe, gewalttätiges Verhalten Autoaggressivität, Straffälligkeit

Zielgruppe: Straßenjugendliche
Quelle: Beierle/Hoch, 2017.

Merkmale/Charakteristika:
- permanente Wechsel in den örtlichen und sozialen Bezügen
- Abkopplung von öffentlichen Institutionen
- prekäre Wohnverhältnisse
- nahezu durchgängiger Substanzmittelmissbrauch (Cannabis, Alkohol) und Verharmlosung der damit verbundenen Gefahren
- hoher sozialer Druck für die „Szenezugehörigkeit" und einen „Schnorrplatz"
- maximalste Einschränkungen in der gesundheitlichen Versorgung
- Fokussierung auf Befriedigung zentraler Grundbedürfnisse (Schlafen, Trinken, Essen)
- psychische Belastungen (Langeweile, Gruppendruck, existenzielle Ängste) und Erkrankungen
- kaum Einsicht in die langfristig drohende Verelendung
- Freiraum des Lebens auf der Straße macht Re-Integration in geregelte soziale Strukturen meist schwierig
- Anlass für die „Straßenkarriere": Konflikte in der Familie, Wohnortwechsel, Verlust des Partners oder Arbeitsplatzes, Haftentlassung etc.
- vorausgehende Distanzierung zur Schule
- geringe schützende personale Ressourcen
- mangelnde Anpassungs- und Bindungsfähigkeit

Zielgruppe: junge Systemsprenger
Quelle: Bolz/Albers/Baumann, 2019, 297f.

Merkmale/Charakteristika:
- Gewaltausübung
- selbst- und fremdverletzendes Verhalten
- Drogen- bzw. Substanzmissbrauch
- distanziertes und aversives Verhalten
- Mehrfachdiagnosen
- hohes Maß an Unzuverlässigkeit
- Unsicherheit, Versagens- und Enttäuschungserfahrungen
- schwerste traumatische Erlebnisse (z.B. unterschiedlichste Formen der Vernachlässigung bis hin zum Missbrauch)
- negative Erfahrungen mit Brüchen im Jugendhilfesystem

Zielgruppe: entkoppelte junge Menschen
Quelle: DJI, 2015.

Merkmale/Charakteristika:
- Vielzahl an Stationen im Lebenslauf (mehrere Orts- und Schulwechsel)
- Wechsel vom Sein in der Familie und in Institutionen der Jugendhilfe (Heime, Pflegefamilien, Auslandsmaßnahmen etc.)
- Obdachlosigkeit bzw. Couchsurfing
- abgebrochene SGB II Maßnahmen
- komplexe Problemkonstellationen der Herkunftsfamilien: Gewalt, emotionale Vernachlässigung, Verwahrlosung, materielle Not
- beschränkte finanzielle Mittel
- niedrige Schulbildung
- Überforderung mit behördlichen Vorgehensweisen
- mangelnde Vorstellung einer realistischen und vernünftigen Lebensperspektive
- nicht zu eigener Lebensweise befähigt
- „Befreiung" von Reglementierungen und Sanktionierungen in Herkunftsfamilie und Institutionen führt oft zum Scheitern

Tabelle: selektive „Synopse" zu Merkmalen schwer erreichbarer junger Menschen

2.3 Methodische Aufforderungen aufgrund der Problemmerkmale

Gerade mit dem Bundesprogramm RESPEKT liegen eindeutige Hinweise auf positive Wirkungen von Maßnahmen zur Förderung schwer erreichbarer junger Menschen vor (BMAS, 2018, 81ff), wie …

→ die Stärkung der Selbstwirksamkeit und des Vertrauens am Hilfesystem

→ die bessere Informiertheit der Teilnehmenden über das Sozialleistungssystem als vorher

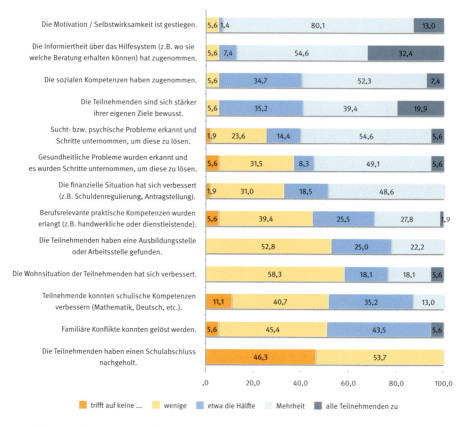

Abb.: Entwicklungen der Teilnehmenden am Bundesprogramm RESPEKT
Datenquelle: Befragung der Projektleitungen, n = 18 (gewichtet) © INTERVAL 2018. Quelle: BMAS, 2018, 82. Eigene Darstellung.

→ die Steigerung sozialer Kompetenzen
→ die erhöhte Fähigkeit, konkretere und langfristigere Ziele zu entwickeln
→ eine erhöhte Verlässlichkeit

Aus der Evaluation des Bundesprogramms RESPEKT (BMAS, 2018) heraus lassen sich in Korrelation mit anderen empirischen Untersuchungen (z.B. Bolz/Albers/Baumann, 2019; Beierle/Hoch, 2017; BMAS, 2018; DJI, 2015; Giertz/Gervink, 2017; Gurr et al., 2016; König et al., 2014; Macsenaere, 2014), fachlichen Empfehlungen (z.B. BA, 2018; BAG KJS, 2018; DV, 2017a; DV, 2017b) und etablierten Praxiskonzeptionen (exemplarisch Paritätischer, 2019) zu Entkoppelten, Straßenjugendlichen, Systemsprengern etc. im Alter zwischen 15 bis 25 Jahren eindeutige Hinweise hinsichtlich zentraler methodischer Wirkfaktoren für die Förderung schwer erreichbarer junger Menschen benennen:

2.3.1 Erreichbarkeit durch Niedrigschwelligkeit erzeugen

Das Sozialleistungssystem in Deutschland ist in einem hohen Maße in unterschiedliche Sozialgesetzbücher und damit differente Rechtskreise mit formal organisierten Handlungslogiken ausdifferenziert. Um die jeweiligen Leistungen umzusetzen, bestehen formal äußerst hochschwellige „Programmlogiken" in Form von Anträgen, Hilfeplänen, Potentialanalysen, spezifischen Maßnahmen, Überprüfungsbögen, Sanktionen, Evaluationsbögen etc. Gerade aber diese hochschwelligen Momente organisierter Sozialleistungen bedingen auch die Entkoppelung von jungen Menschen in besonderen Problemlagen aus bzw. von organisierten Institutionen der Gesellschaft (z.B. Familie, Schulen, freie und öffentliche Träger der Jugendhilfe, Agentur für Arbeit, Jobcenter, Bezirke etc.): Sie reagieren auf den institutionellen Druck mit schwerer Erreichbarkeit. Aus unterschiedlichsten empirischen Forschungen (z.B. Beierle/Hoch, 2017; BMAS, 2018; DJI, 2015; DV, 2017a) und etablierten Praxiskonzeptionen (überblicksartig BAG JSA, 2019) geht eindeutig hervor, dass Maßnahmen und Projekte zur Förderung schwer erreichbarer junger Menschen einen niedrigschwelligen Zugang (z.B. in Form eines Offenen Treffs als Anlaufstelle oder aufsuchende Sozialarbeit) brauchen. Diese grundlegende Niedrigschwelligkeit wird auch in den Verfahrensregelungen zum § 16h SGB II der Agentur für Arbeit explizit hervorgehoben (BA, 2018, Z. 328f).

> *„Bei den eher negativen Verläufen wird vor allem nach dem Erreichen des formalen Erwachsenenstatus das Betroffensein von Wohnungslosigkeit sowie abgebrochenen SGB II-Maßnahmen oder Arbeitslosigkeit sichtbar. Diese jungen Menschen werden zumeist nur über niedrigschwellige Unterstützungsangebote erreicht, die eine Grundversorgung als Überlebenshilfe vorsehen, in aller Regel jedoch im Sinne ‚vertrauensbildender Maßnahmen' als Türöffner für weiterführende Ausstiegshilfen aus der Obdachlosen- und Straßenkarriere wirken (können)" (DJI, 2015, 45).*

> *„So fühlen sich die Jugendlichen durch die hohen Anforderungen im SBG II häufig überfordert" (Beierle/Hoch, 2017, 27).*

> *„Je niedrigschwelliger der Zugang ist, desto besser" (Beierle/Hoch, 2017, 34).*

> *„Ebenfalls deutlich wurde, dass die Zielgruppe niedrigschwellige Angebote benötigt sowie die Freiwilligkeit und Sanktionsfreiheit elementare Bestandteile der Begleitung sein müssen. Dies ist auf die oftmals negativen Erfahrungen der Zielgruppe mit institutionellem Druck zurückzuführen, auf den sie meist mit Rückzug reagieren" (BMAS, 2018, 103).*

> *„Schwere Erreichbarkeit bedeutet auch, dass die jungen Menschen für die örtlichen Behörden und Dienste nur schwer sichtbar sind. Aufsuchende Straßensozialarbeit, Essensausgaben und Tafeln oder Kleiderkammern, niedrigschwellige Beratungsangebote und Tagesaufenthalte, Einrichtungen der Wohnungslosenhilfe und Notunterkünfte, Unterstützung durch ehrenamtlich getragene Vereine und Initiativen sind oft die letzte Verbindung zu den sozialen Dienstleistungen. Die niedrigschwelligen Dienste übernehmen eine wichtige Funktion, um die jungen Menschen an weitergehende Hilfen anzubinden. Bieten Fachkräfte in solchen Situationen Hilfe an, dann bedarf es vertrauensbildender Maßnahmen, um gemeinsam eine Perspektive zu entwickeln" (DV, 2017a, 8).*

> *„Falls diese jungen Menschen nicht mehr schulpflichtig sind und somit nicht mehr durch Schulabstinenz auffallen, sind sie im öffentlichen Raum kaum sichtbar und nur noch mit Hilfsangeboten der Komm-Struktur aufzuspüren" (DJI, 2015, 46).*

2.3.2 Individualisierung der je besonderen Problemlagen

Aufgrund der Heterogenität und der häufig multiplen Problemlagen schwer erreichbarer junger Menschen passen meist „klassisch" standardisierte Angebote in der Sozialleistungslandschaft mit den besonderen individuellen Bedürfnislagen junger Menschen nicht zusammen. Schwere Erreichbarkeit wird in dieser Hinsicht auch durch die hochschwelligen Programmlogiken der Sozialleistungssysteme erzeugt bzw. es kommt aufgrund der Nicht-Passung zu erneuten Rückzugsbewegungen, weil die „entsprechenden Institutionen einfach auf ein bestehendes Portfolio zurückgreifen würden, um einen ‚Haken' hinter den Fall machen zu können" (BMAS, 2018, 4.), aber im Sinne der beruflichen Integration nicht zielführend überhaupt erst an den Integrationshindernissen ansetzen. Genauso wie die jungen Menschen eine besondere Problematik aufweisen, braucht es besondere Unterstützungsangebote, um diese in ihrer schweren Erreichbarkeit überhaupt zu erreichen. Entsprechende Korrelationen zwischen individualisiertem Fallverstehen und Wirkungen lassen sich analog z.B. aus den EVAS-Studien im Bereich der Jugendhilfe entnehmen: Eine systematische sozialpädagogische Diagnostik fördert die Passgenauigkeit und Effektivität von Hilfen (Macsenaere, 2014, 29). Insbesondere in Projekten bzw. Maßnahmen mit schwer erreichbaren jungen Menschen ist das allerdings ein Balanceakt, der mit pädagogischer Kunst gemeistert werden will. Eine vorschnelle Diagnostik kann eine hohe Schwelle darstellen und damit wiederum zu einem Abbruch der Erreichbarkeit führen.

> *„Vonseiten der öffentlichen und freien Träger stationärer oder aufsuchender Angebote wird kritisiert, dass die Regelangebote oft nach standardisierten Maßgaben arbeiten und zu unflexibel sind. Viele Jugendliche benötigen ein spezielles Coaching, um sich ihrer eigenen langfristigen Interessen bewusst zu werden. Es besteht ein Mangel an spezialisierten Angeboten für besonders Benachteiligte"* (DJI, 2015, 46).
>
> *Im Bundesprogramm RESPEKT wurde deutlich, „dass viele der Teilnehmenden multidimensionale Problemlagen aufweisen und diese in vielen Fällen durch eine lange Historie gekennzeichnet sind. Oftmals ziehen Herausforderungen in einer Lebenslage weitere Schwierigkeiten nach sich, was zu einer Verstärkung der Problembelastung führen kann. Die (multiplen) Problemlagen sind zu Beginn der Projektteilnahme nicht notwendigerweise immer offensichtlich"* (BMAS, 2018, 33).

> „Bei obdachlosen Jugendlichen, die sich in erster Linie um Grundbedürfnisse wie Essen, Trinken oder Schlafen kümmern müssen, stehen Überlebenshilfen im Vordergrund" (Beierle/Hoch, 2017, 27).

> „Problematisiert wurde auch, dass es vorkomme, dass den jungen Menschen durch die Institutionen Maßnahmen ‚auferlegt' werden, die nicht zu ihren Bedarfen und Wünschen passen" (BMAS, 2018, 43).

> „Das Angebot sollte sich daher an der individuellen Situation und den Bedarfen der jungen Menschen orientieren" (BA, 2018, Z. 78–79).

2.3.3 Ressourcenorientierte Perspektiven einnehmen

Die Label „schwer erreichbar", „entkoppelt", „Systemsprenger", „Straßenjugendliche" etc. sind allesamt defizitorientiert. Solche Markierungen haben ihren Sinn, indem sie auf problematische soziale Sachverhalte hinweisen, die mit Leid bei den Betroffenen verbunden sind und sozialpolitische und fachpraktische Handlungsnotwendigkeiten artikulieren (Groenemeyer, 2009). Defizitorientierte Artikulationen direkt gegenüber den jungen Menschen können zudem gleich wieder Rückzüge auslösen und die schwere Erreichbarkeit verfestigen. Gerade aus umfangreichen Studien zur Arbeit mit schwierigen jungen Menschen im Bereich der Jugendhilfe lässt sich eindeutig belegen, dass Hilfen mit ressourcenorientierten Zielen effektiver sind (Macseneare, 2014, 28). Das zeigte sich auch im Bundesprogramm RESPEKT: Die Stärkung eines langfristigen Selbstwertgefühls hängt mit der Orientierung an den Stärken und Kompetenzen der jungen Menschen zusammen (BMAS, 2018, 26). Dazu sollten auch mögliche Ressourcen identifiziert werden, die möglicherweise zunächst nichts direkt mit Arbeit oder formaler Bildung zu tun haben, wie Sport, Musik, Spiele, Kultur.

> „Diese Angebote orientieren sich an den Interessen der Altersgruppe und schaffen Zugang zur Zielgruppe, aber sie erschöpfen sich nicht in dieser Funktion. Sie zeigen der Zielgruppe, dass sich die Projektmitarbeitenden nicht nur für ihre Probleme, sondern für ihre gesamte Person inkl. ihren ‚Hobbies' interessieren und sie verschaffen eine entspanntere Atmosphäre bzw. einen Raum, in dem sich die Teilnehmenden öffnen können. Insbesondere aber bieten sie durch die sozialpädagogische Begleitung

Ansatzpunkte zur Förderung von persönlichen Kompetenzen" (BMAS, 2018, 54).

"Um Jugendliche bei der Beendigung ihrer Straßenkarriere zu unterstützen, müssen sie Gelegenheit haben, ihre Verhaltensweisen mit Vertrauenspersonen zu reflektieren, und die Chance bekommen, über spezielle Angebote ihre Kompetenzen (wieder) zu entdecken, sich auszuprobieren und erste Erfolgserlebnisse zu sammeln" (Beierle/Hoch, 2017, 28).

2.3.4 Beziehungen personell und organisationell gestalten: Vertrauen aufbauen

Ein entscheidender Wirkfaktor in der Arbeit mit schwer erreichbaren jungen Menschen stellt eine hohe Beziehungsqualität dar. Erreichbarkeit sozialer Hilfelogiken wird zwar möglicherweise durch sachliche Anreize wie einen Aufenthaltsort, Essen, Trinken, Wärme etc. eingeleitet, vollzieht sich dann aber vor allem in der sozialen Dimension zwischen schwer erreichbaren jungen Menschen und professionellen Fachkräften. Es ist die soziale Beziehung zwischen Fachkraft und jungen Menschen, welche dann soziale Leistungen für den jungen Menschen erreichbar machen und damit den jungen Menschen an seine berufliche Integration heranführen kann. Die Art der Beziehungsgestaltung braucht hierbei eine offene, akzeptierende Grundhaltung, die im zunehmenden Aufbau von Vertrauen dann auch auf Veränderung in der Lebensgestaltung hinwirken kann. Die Qualität der Beziehungsgestaltung sollte aber nicht nur von der Individualität der Fachkräfte abhängen, sondern ist optimalerweise im Kontext sich wandelnder Beschäftigungsverhältnisse in eine übergreifende Organisationskultur eingebettet.

"Eine hohe Beziehungsqualität ist eine notwendige Grundlage für einen effektiven Hilfeverlauf" (Macsenaere, 2014, 28).

"Die therapeutische Beziehung gehört mit zu den wichtigsten Interventionsmöglichkeiten, um entscheidende Veränderungen in der Wahrnehmung der Betroffenen in Bezug auf ihre soziale Unterstützung zu erreichen, abweichende Verhaltensweisen zu reduzieren oder dem professionellen Umfeld die Basis für eine bessere Krisenbewältigung bereitzustellen" (Giertz/Gervink, 2017, 111).

> *„Dabei hat sich eine Komm-Struktur für umfassende Beratungs- und Begleitungsarbeit, welche die Jugendlichen und jungen Erwachsenen kontinuierlich bei gleichbleibenden Bezugspersonen über längere Zeiträume unterstützt, bewährt"* (DJI, 2015, 50).
>
> *„Mit intensiver Beziehungsarbeit Vertrauen aufbauen"* (BMAS, 2018, 60).
>
> *„Straßenjugendliche, die sowohl dem Hilfesystem als auch der Sozialarbeit skeptisch gegenüberstehen, benötigen in der Regel sehr viel Zeit, um Vertrauen und eine Bindung zu den Fachkräften der Sozialarbeit aufzubauen. Deswegen spielen offene Angebote eine wichtige Rolle bei der Kontaktanbahnung und im Bindungsprozess"* (Beierle/Hoch, 2017, 32).
>
> *„Insgesamt lässt sich festhalten, dass negative Erfahrungen mit dem Jobcenter, der Agentur für Arbeit oder auch dem Jugendamt zu Vorbehalten und Distanz gegenüber den Institutionen führen oder diese verstärken. Das Vertrauen in das Sozialleistungssystem kann zum einen aufgrund von Sanktionen verloren gehen, oder auch dem grundsätzlich wahrgenommenen behördlichen Druck bei gleichzeitig bestehenden individuellen Problemlagen"* (BMAS, 2018, 41).

2.3.5 Schwere Erreichbarkeit braucht freiwillige Handlungsfähigkeit

Die Rückzugsbewegungen und Entkopplungstendenzen junger Menschen in die schwere Erreichbarkeit können unter anderem als „Streben nach subjektiver Handlungsfähigkeit" verstanden werden (Böhnisch, 2008, 33f). Sie tun sich schwer mit den hochschwelligen Programmlogiken organisierter Sozialleistungssysteme (Schule, Jugendhilfeeinrichtungen, Jobcenter, Agentur für Arbeit, Familie, Beschäftigungsverhältnisse etc.), weil ihnen für eine gelingende Integration in diese sozialen Systeme ihre personalen und sozialen Ressourcen nicht ausreichen. Aus bewältigungsorientierter Perspektive kann deshalb gerade der Rückzug als individuelles – wenngleich für den weiteren Lebenslauf dysfunktionales – Bewältigungshandeln junger Menschen verstanden werden. Eine gelingende Förderung schwer erreichbarer junger Menschen muss aber diese Autonomiebestrebungen ernst nehmen und in diesen für die soziale Integration besonders problematischen Verhältnissen freiwillige Zugänge zu Maßnahmen schaffen, die Selbstwert, soziale Anerkennung und Selbstwirksamkeit ermöglichen (Böhnisch, 2008, 34). Besonders wichtig ist der Aufbau einer vertrauensvollen Beziehung. In dieser Hinsicht sind zugleich die Sanktionsmechanismen im SGB II für die unter 25-Jährigen, rigide Maßnahmendauerbegrenzungen oder hochformale Controlling-Mechanismen dysfunktional für die Aufgabenstellung: Sie erzeugen geradezu schwere Erreichbarkeit.

> „Eine Freiwilligkeit der Teilnahme zählt zu den Erfolgsfaktoren. Leistungen nach § 16h SGB II sollten ohne den Druck von Sanktionen umgesetzt werden" (BMAS, 2018, 106).

> „Deswegen spielen offene Angebote eine wichtige Rolle bei der Kontaktanbahnung und im Bindungsprozess. So können die Jugendlichen das Tempo und die Intensität des Austauschs mit der Sozialarbeit selbst bestimmen und sich allmählich über gemeinsame Unternehmungen und erste kreative Tätigkeiten mit ihren Interessen und Kompetenzen auseinandersetzen" (Beierle/Hoch, 2017, 32).

> „Bei all diesen Formen ist ein hohes Maß an Autonomie und Subjektorientierung (Freiwilligkeit, Partizipation etc.) für die Jugendlichen essenziell, denn so nehmen sie sich gemäß dem Jugendhilfeauftrag als Gestalter ihres Lebens wahr und setzen sich aktiv mit ihren Bedürfnissen und Zukunftsvorstellungen auseinander" (Beierle/Hoch, 2017, 33).

2.3.6 Differenzierte Begleitung zur Entwicklung eines individuell vernünftigen „Lebensplanes"

Im Kontext häufig prekärer Lebenssituationen verbunden mit multiplen Problemlagen haben junge Menschen zwar Zukunftswünsche und Vorstellungen von einem besseren Leben (König et al., 2014, 243), allerdings fehlen ihnen häufig Kompetenzen und Ressourcen, um daraus auch einen für sie und ihre Möglichkeiten passenden „Lebensplan" zu formen. So „benötigen die jungen Menschen darin dringend die **Anerkennung, praktische Unterstützung und Begleitung durch Bezugspersonen**, um realistische Handlungsperspektiven zu entwickeln, Chancen zu erkennen und Herausforderungen zu bewältigen" (ebd.). Zum einen passen die beruflichen Wunschvorstellungen oft nicht mit den geringen Qualifikationen zusammen, zum anderen aber auch die momentanen Motivationen und Schlüsselkompetenzen nicht mit den Anforderungen zum Erlangen notwendiger Qualifikationen. Hier brauchen insbesondere schwer erreichbare junge Menschen eine differenzierte Begleitung zur Entwicklung eines „vernünftigen Lebensplanes" (Rawls, 1975).

> *„Dies bestätigt die Erwartung, dass die Klärung von individuellen Zielen ein wesentlicher Schritt auf dem Weg zur Integration ist" (BMAS, 2018, 89).*

> *„Vor allem Jugendliche mit geringeren individuellen Ressourcen müssen zuerst zu einer klareren Realitätswahrnehmung und zu einer besseren Entscheidungsfähigkeit geführt werden. Eine darauf abzielende Begleitung könnte das Durchleben und Bewältigen unnötiger und mit Erfahrungen des Scheiterns verbundener Warteschleifen und berufsbiografischer Sackgassen vermeiden helfen" (DJI, 2015, 46).*

> *Lotsenfunktion im Leben durch die sozialpädagogische und physische Begleitung – auch z.B. bei Behördengängen, Arztbesuchen etc. (BMAS, 2018, 52).*

> *„Angesichts der massiv empfundenen Orientierungslosigkeit und insbesondere der beruflichen Perspektivlosigkeit ist es eine Aufgabe von Jugendsozialarbeit, die jungen Menschen darin zu unterstützen, Perspektiven für ihr Leben zu entwickeln" (König et al., 2014, 68).*

2.3.7 Langfristigkeit: trotz Scheitern oder zwischenzeitlichem Abbruch Beziehung kontinuierlich ermöglichen

Diskontinuität als ein zentrales Merkmal schwer erreichbarer junger Menschen macht eben die Zielgruppe für befristete, sanktionsbewehrte, hochschwellige Programmlogiken schwer erreichbar. Daraus erwächst die Aufforderung bzw. Notwendigkeit, dass erfolgversprechende Leistungen kontinuierlich – auch über Diskontinuitäten der Klientel hinweg! – erreichbar sind. Vielfach haben diese jungen Menschen keine positiven Erfahrungen mit ihrer Teilhabe an sozialen Systemen gemacht: In der Herkunftsfamilie haben sie möglicherweise keine Förderung und Anteilnahme an ihrem Leben erfahren, durch Organisationen der Bildung (Schulen) und Hilfe (ambulante Hilfen zur Erziehung, Heime etc.) wurden sie „hindurchgereicht". „In der Folge ist eine Pendelbewegung zwischen Systemen der Kinder und Jugendhilfe, der Kinder und Jugendpsychiatrie und/oder Einrichtungen der Justiz zu beobachten. Das Hilfesystem und die einzelnen Akteure dieser Settings kommen an Grenzen ihrer pädagogischen Arbeit, und Hilfeplanungsprozesse scheinen diese jungen Menschen nicht zu erreichen" (Bolz/Albers/Baumann, 2019, 299). Diese institutionalisierten Brüche im Lebenslauf zwischen Familie, Schule und Jugendhilfe setzen sich dann am herausfordernden Übergang von Schule in Arbeit fort: Häufig enden Jugendhilfemaßnahmen mit dem 18. Lebensjahr, Angebote der beruflichen Jugendsozialarbeit nach SGB VIII sind oft nicht passend vorhanden, Angebote nach SGB II über die Jobcenter oft formal hochschwellig, befristet und sanktionsbewehrt und ähnlich Angebote der Arbeitsförderung nach SGB III. Rückzug und Entkopplungsphänomene als individuelle Bewältigungsstrategie müssen deshalb ernst genommen werden – das Scheitern und auch zwischenzeitliche Abbrüche müssen einkalkuliert werden, weshalb Maßnahmen für schwer erreichbare junge Menschen langfristig angelegt sein sollten, um immer wieder Erreichbarkeit zu ermöglichen.

„Eine nicht selten praktizierte ‚Deckelung' der Hilfedauer auf 12 oder 18 Monate ist aus Sicht der Wirkungsforschung daher als ineffektiv und mittelfristig auch ineffizient zu verwerfen" (MacSenaere, 2014, 27).

„Die vertrauensvolle und kontinuierliche Begleitung der Zielgruppe benötigt wiederum vor allem eines: Zeit. Die Verbesserung der Lebenssituation macht oftmals viele Handlungsanpassungen und Problemlösungen notwendig, zudem wenden sich manche Teilnehmenden auch kurzfristig wieder von dem Projekt ab, um dann wieder an den vorherigen Schritten anzuknüpfen" (BMAS, 2018, 103).

„Darüber hinaus ist unser Hilfesystem auch im positiven Sinne ein auf Beziehungsbrüche und damit auf Desintegration angelegtes System. Wenn ein junger Mensch in einem als solches bezeichneten Intensivangebot gute, stabilisierende Erfahrungen sammelt, ist es fatal, dass gerade diese positive Entwicklung dazu führt, dass die stabilisierenden Beziehungen dann wieder beendet werden" (Baumann/Bolz/Albers, 2017, 156f).

Ein „Großteil der Betroffenen [hat] eine lange Krankenkarriere mit negativen Hilfesystemerfahrungen und Beziehungsabbrüchen hinter sich und

> Traumatisierungen durch Zwangsmaßnahmen erlitten" (Giertz/Gervink, 2017, 111).

> „[E]ine notwendige Kontinuität, die den Bedürfnissen von „entkoppelten Jugendlichen" nach stabilen Bezugspersonen Rechnung trägt, kann nur durch regelfinanzierte Angebote abgesichert werden" (DJI, 2015, 50).

> „Die jeweilige Teilnahme-/Förderdauer des jungen Menschen orientiert sich an dessen individuellem Bedarf" (BA, 2018, Z. 406–407).

> „Nur mit langfristigen Finanzierungssystemen, weniger wechselndem Personal und klarer vernetzten und systemisch arbeitenden und die neuen Medien einbeziehenden Bezugspersonen lässt sich eine Beziehung zu diesen jungen Menschen aufbauen, über die Begleitung und Veränderung in Hinblick auf gesellschaftliche und berufliche Integration geschehen kann" (König et al., 2015, 50).

2.3.8 Wirksame Unterstützung bzw. Hilfen brauchen gutes Personal

Die Anforderungen in der Förderung von schwer erreichbaren jungen Menschen sind vielfältig: eine akzeptierende Grundhaltung im niedrigschwelligen Zugang, Kompetenzen in unterschiedlichen freizeitpädagogischen Aktivitäten, um an Interessen anschließen zu können, sozialpädagogisch-diagnostisches Wissen um individuelle Problemlagen, ausgeprägte Gesprächstechniken, ein differenzierter Überblick über die Fördermöglichkeiten relevanter Rechtskreise, ein professionelles Gespür für die Balance von aktivem Aushalten des punktuellen Scheiterns wie auch der Ermöglichung von Lebensperspektiven und beruflicher Integration etc. Wirksame Angebote für schwer erreichbare junge Menschen brauchen in dieser Hinsicht „gutes", fachlich qualifiziertes Personal.

> „Mitarbeiterqualifikation übt einen zentralen Einflussfaktor auf die Effektivität der Hilfen aus" (Macsenaere, 2014, 27).

> Ermöglichung von Deeskalationsschulungen und Antiaggressionstrainings (Giertz/Gervink, 2017, 110).

> „[K]ontinuierliche [...] Selbstreflexion, welche mit Hilfe regelmäßiger Supervision, Praxiscoaching und gezielten Weiterbildungen gefördert werden kann" (Giertz/Gervink, 2017, 111).
>
> „Gute Ausstattung mit personellen Ressourcen für qualitativ hochwertige Arbeit" (BMAS, 2018, 60).
>
> „[Es] ist festzustellen, dass nicht primär die angewandten Methoden zum Erfolg führen, sondern eher die Person des Therapeuten bzw. die Persönlichkeit des Erziehers mit all seinen persönlichen Eigenschaften, mit seiner Kompetenz, Empathie und Resonanzfähigkeit, Authentitzität, Echtheit, Wärme, Wertschätzung, und verschiedene andere Aspekte" (Schiepeck, 2014, 80).

2.3.9 Rechtskreise, Angebote und Leistungen vernetzen

Die Hinweise sind Legion: Gerade am Übergang Schule–Arbeitswelt erfährt die Lebenswelt der schwer erreichbaren jungen Menschen eine „Zerteilung" in unterschiedliche Rechtskreise und damit auch unterschiedliche zuständige Institutionen: vom SGB VIII zum Jugendamt, vom SGB II zum Jobcenter, vom SGB III zur Agentur für Arbeit. Um junge Menschen in besonders problematischen Lebenssituationen hinsichtlich ihrer beruflichen Integration möglichst gelingend zu erreichen, braucht es institutionelle Formen der Zusammenarbeit der relevanten Leistungsträger vor allem in den Rechtskreisen SGB II, SGB III, SGB VIII (wie Jugendberufsagenturen). Regionale Angebote und Leistungen sollten kooperativ durch diese Leistungsträger in Zusammenarbeit mit relevanten leistungserbringenden Trägern geplant und aufgestellt werden, um unklare Zuständigkeiten, formale Hürden oder Schnittstellenproblematiken weiterführender Angebote bzw. Hilfen für die jungen Menschen und damit weitere Distanzierungen vom Sozialleistungssystem möglichst gering zu halten.
Zugleich sollten Maßnahmen und Angebote natürlich Kontakte zu Bildungsinstitutionen, Arbeitgebern und relevanten lokalen Akteuren initiieren und gestalten.

> „Regionen, in denen sich ‚Arbeitsbündnisse Jugend und Beruf' bzw. Jugendberufsagenturen gebildet haben, berichten häufig davon, dass hierdurch ein Quantensprung in der regionalen Kooperation und Vernet-

zung erreicht werden und schrittweise ein Verständnis für unterschiedliche Professionen und Sozialgesetzbücher erzielt werden konnte" (BMAS, 2018, 98).

"Nur mit einer engen Koordinierung und Vernetzung der Angebote der regionalen gemeinsamen Einrichtungen und der Träger der Jugendhilfe kann das Ziel, bestehende Förderlücken über § 16h SGB II zu schließen, effektiv erfüllt werden. Zugleich sollte hierüber die Kooperation vor Ort und im Rahmen der JBA [JugendBerufsAgenturen; AK] vertieft werden" (BA, 2018, Z. 90-93).

"Auch die rechtskreisübergreifende Zusammenarbeit liegt im unmittelbaren Interesse der Zielgruppe ‚entkoppelter Jugendlicher', etwa in Bezug auf den Austausch von Informationen und die Konzipierung und Finanzierung von Angeboten" (DJI, 2015, 51).

"Intensivierung von rechtskreisübergreifender Zusammenarbeit (Jugendberufsagenturen), um Überforderung der Jugendlichen im Umgang mit der Sozialbürokratie und somit das Fernbleiben von bestehenden Hilfesystemen zu verhindern. Rücknahme der Sanktionierungsmöglichkeit im SGB II (U25-Bereich), die die Streichung von Kosten für Unterkunft und Heizung bedeutet" (Beierle/Hoch, 2017, 6).

"Darüber hinaus waren die Projekte mit überproportional hohen Integrationsquoten auch erfolgreicher in der Netzwerkarbeit, indem sie Schnittstellen zwischen Akteuren klärten" (BMAS, 2018, 89).

3 Handlungsaufforderungen: für die Jugend

Sich um junge Menschen zu kümmern, ihnen für ein gelingendes Leben die Integration in die Gesellschaft zu ermöglichen und insbesondere in schwierigen Lebenssituationen besondere Unterstützung zukommen zu lassen, ist eine immanente Aufforderung menschlichen Zusammenlebens. Hierzu bestehen von unterschiedlichen Seiten Handlungsaufforderungen, sozusagen als gesellschaftliche Vorstellung, dass ein gelingendes Leben junger Menschen für die Gesellschaft und die Menschheit wichtig ist. Das betrifft alle jungen Menschen, im Besonderen aber junge Menschen in besonders belasteten Lebenssituationen, die für die organisierten sozialen (Bildungs-, Sicherungs- und Arbeits-)Systeme schwer erreichbar sind.

3.1 Sozialethische Perspektiven

In ethischer Hinsicht wird grundlegend die Frage nach dem „guten" Leben gestellt. Was macht das Leben lebenswert und worin liegt der Endzweck allen menschlichen Handelns? In Erweiterung dazu fragt die sozialethische Perspektive, wie ein „gutes" soziales Zusammenleben aussehen kann und hat dabei den Wert der Gerechtigkeit zentral gesetzt. „Als normativen Bezugspunkt aller Konzeptionen von Gerechtigkeit in der Moderne können wir nur aus Gründen, die universelle Geltung beanspruchen, die Idee der individuellen Selbstbestimmung betrachten: Als ‚gerecht' muß gelten, was den Schutz, die Förderung oder die Verwirklichung der Autonomie aller Gesellschaftsmitglieder gewährleistet" (Honneth, 2011, 40). Zentrale Gerechtigkeitstheorien wie die Theorie der Gerechtigkeit von John Rawls oder der Capability Approach (Fähigkeitenansatz) von Martha Nussbaum bauen letztlich auf den Ethiken von Aristoteles und Kant auf[12].

Aristoteles hat in der Nikomachischen Ethik das „Glück" als Endziel des uns möglichen Handelns und aller Staatskunst ausgewiesen, „wobei

---

[12] Diese Darstellung zentraler sozialethischer Perspektiven ist natürlich äußerst selektiv, obgleich instruktiv. Für einen Überblick vgl. Müller, 2014.

gutes Leben und gutes Handeln in eins gesetzt werden mit Glücklichsein" (Aristoteles, 1957, I 2, S. 27). Das Glück ist ein vollkommenes Gut, weil es Zweck an sich ist und sich in dieser Hinsicht selbst genügt (ebd., I 5, S. 30). Ein gutes Leben als Glücklichsein verwirklicht sich durch äußere, seelische und leibliche Güter, wobei für Aristoteles das seelische Glück das höchste ist und sich durch das Tätig-Sein in sittlicher Einsicht vollzieht – „das Glück als sittliche Vortrefflichkeit" (ebd., I 9, S. 34). Und durch sittliche Einsicht zeichnet sich derjenige aus, der „fähig ist, Wert oder Nutzen für seine Person richtig abzuwägen (...) in einem umfassenden Sinn: Mittel und Wege zum guten und glücklichen Leben" zu finden (ebd., VI 5, S. 126f). Glück hängt in dieser Hinsicht am guten Handeln, am Urteilsvermögen über die richtige Mitte, am richtigen Planen (ebd.) – aber nicht nur für die eigene Person, sondern immer bezogen auf den sozialen Zusammenhang, das Gemeinwesen, in dem sich die Einzelnen befinden. Sittliche Einsicht bedeutet letztlich „einen Blick dafür [zu] besitzen, was für sie selbst und den Menschen wertvoll ist" (ebd.). Diese sittliche Einsicht in Tugenden ist aber für Aristoteles als „zur Grundhaltung verfestigte Fähigkeit des Handelns" (ebd.) nicht einfach schon da, sondern muss von Jugend an geformt werden – „darauf kommt nicht wenig an, sondern sehr viel, ja alles" (ebd., II 1, S. 44). So geht es für Aristoteles darum, dass die einzelnen ihre Fähigkeiten zu einem sittlich guten Leben verwirklichen und die Staatskunst „trifft ganz besonders Anstalten dafür, die Bürger zu formen, d.h. sie gut zu machen und fähig zu edlem Handeln" (ebd., I 10, S. 36).

Aus dieser aristotelischen Vorstellung leitet sich ein konkreter Auftrag für das Gemeinwesen – im weitesten Sinne den Staat – ab, passende Anstalten für die Bildung und Entwicklung der Einzelnen zu treffen, damit sie „über die Erziehung zur Gemeinschaft" (ebd., V 5, S. 108) ihre Fähigkeiten für ein gutes Leben in sittlicher Einsicht verwirklichen können. Die Staatskunst als gerechtes Handeln zeichnet sich dann durch den Zweck aus, „das Glück sowie dessen Komponenten für das Gemeinwesen hervorzubringen und zu erhalten" (ebd., V 3 (A´), S. 105) – dabei geht es für Aristoteles um die Achtung der Gesetze und die Achtung der gleichmäßigen Verteilung der Güter, also die bürgerliche Gleichheit (ebd., V 2, S. 104). In dieser Form der Tugendethik stellt die soziale Gerechtigkeit einen obersten Wert dar, weil sich die ethische „Trefflichkeit nicht nur bei sich, sondern auch in Beziehung zu anderen Menschen verwirklichen kann" (ebd., S. 106). Gutes soziales Handeln mit Blick auf die Jugend zeichnet sich dann dadurch aus, dass geeignete Anstalten getroffen werden, die Bildung und Entwicklung junger Menschen auf ein sittliches Leben in Gemeinschaft hin zu fördern. Aristoteles hat zudem grundlegend zwischen einer austeilenden und einer ausgleichenden Gerechtigkeit unterschieden. Wir können das so deuten, dass unter dem Gleichheitsgrundsatz über die allgemeine Schulpflicht oder die allgemeine Sozialgesetzgebung gleiche Befähigungsmöglichkeiten (Bildung, Grundsicherung, Arbeitsförderung etc.) an alle ausgeteilt werden (ius distributiva; ebd., V 6 (A´), S. 109), aber zugleich versucht wird, über spezifische Förderprogramme wie z.b. den § 16h SGB II oder § 13 II SGB VIII besondere Ungleichheiten (z.b. individuelle Beeinträchtigungen, soziale Benachteiligungen bei der Zielgruppe der schwer erreichbaren jungen Menschen) auszugleichen (ius directiva; ebd., V 7, S. 111).

In der aristotelischen Tugend-Ethik wird das Gute also als sittliche Trefflichkeit gefasst: „eine feste, auf Entscheidung hingeordnete Haltung; sie liegt in jener Mitte, die die Mitte in bezug auf uns ist, jener Mitte, die durch den richtigen Plan festgelegt ist, d.h. durch jenen, mit dessen Hilfe der Einsichtige (die Mitte) festlegen würde" (Aristoteles, 1957, II 6, S. 51). Die Pflichten-Ethik von Immanuel **Kant** schließt zwar an die Idee der Sittlichkeit bei Aristoteles an, fokussiert allerdings rigoros den Aspekt der vernünftigen Entscheidung als Autonomie des freien Willens[13]. Gut ist letztlich „allein ein guter Wille" (Kant, 1974, BA 1) – und dieser verwirklicht sich für Kant als Achtung fürs Gesetz in der Einsicht in die Pflicht. „Der Wille ist ein Vermögen, nur dasjenige zu wählen, was die Vernunft, unabhängig von der Neigung, als praktisch notwendig, d. i. als gut erkennt" (ebd., BA 36 f).[14] Von hier aus ergibt sich für Kant notwendigerweise der Kategorische Imperativ als Sollens-Anweisung (Gebot) für das sittliche Handeln: „Handle nur nach derjenigen Maxime, durch die du zugleich wollen kannst, daß sie ein allgemeines Gesetz werde" (ebd., BA 52). Autonomie wird hier als selbstbestimmte Selbstunterwerfung unter ein allgemeines Gesetz gedacht, weil ja nur diejenigen Maximen vernünftig und damit gut sein können, an denen

---

[13] Kant wendet sich bewusst gegen den obersten Begriff der Glückseligkeit, weil er zu unbestimmt und letztlich ein empirischer Begriff sei (Kant, 1974, BA 46).

[14] „Praktisch gut ist aber, was vermittelst der Vorstellungen der Vernunft, mithin nicht aus subjektiven Ursachen, sondern objektiv, d.i. aus Gründen, die für jedes vernünftige Wesen, als ein solches, gültig sind, den Willen bestimmt" (Kant, 1974, BA 38).

alle vernünftigen Wesen sich in ihrem Handeln orientieren würden. Autonomie bei Kant meint also mitnichten die Freiheit, irgendwie zu handeln, sondern geradezu die Freiheit gegenüber den eigenen Neigungen durch die Orientierung an Maximen, die für alle zu einem allgemeinen Gesetz werden könnten. „Das Prinzip der Autonomie ist also: nicht anders zu wählen, als so, daß die Maximen seiner Wahl in demselben Wollen zugleich als allgemeines Gesetz mit begriffen sein" (ebd., BA 87, S. 74f). Die Idee einer autonomen Lebensführung würde in kantischer Hinsicht dann geradezu nicht meinen, sein Leben irgendwie in Freiheit von äußeren Zwängen zu leben, sondern geradezu unter den vernünftigen Maximen einer allgemeinen Gesetzgebung (Sittlichkeit). Vielmehr gilt mit Kant die Gleichung: autonome Lebensführung = ein sittliches Leben führen.

In der Autonomie des freien Willens als Einsicht in die Pflicht liegt für Kant letztlich die Würde des Menschen begründet. „Nun ist Moralität die Bedingung, unter der allein ein vernünftiges Wesen Zweck an sich selbst sein kann; weil nur durch sie es möglich ist, ein gesetzgebend Glied im Reiche der Zwecke zu sein. Also ist Sittlichkeit und Menschheit, so fern sie derselben fähig ist, dasjenige, was allein Würde hat" (Kant, 1974, BA 77). Mit dem „Reich der Zwecke" meint Kant die systematische Verbindung vernünftiger Wesen durch gemeinsame Gesetze, die letztlich die zur Vernunft fähigen Menschen nie als Mittel, sondern immer nur als Zweck an sich selbst ansehen. Das bedeutet, „seine Maximen jederzeit aus dem Gesichtspunkte seiner selbst, zugleich aber auch jedes andern vernünftigen als gesetzgebenden Wesens (die darum auch Personen heißen), nehmen zu müssen" (Kant, 1974, BA 839).

Ganz analog zu Aristoteles geht auch Kant nicht davon aus, dass der Mensch von Geburt an im Sinne der Sittlichkeit vernünftig agiert, sondern dass er erst mündig werden muss: „Aufklärung ist der Ausgang des Menschen aus seiner selbstverschuldeten Unmündigkeit. Unmündigkeit ist das Unvermögen, sich seines Verstandes ohne Leitung eines anderen zu bedienen" (Kant, 1974, A 481). Wenn nach Kant die Würde des Menschen in seiner Fähigkeit zur autonomen Einsicht in die Notwendigkeit sittlich orientierter Handlungen liegt, braucht es Erziehung, um die menschlichen Fähigkeiten auf Vernunft hin zu entwickeln: „Daher ist die Erziehung das größeste Problem, und das schwerste, was dem Menschen kann aufgegeben werden. Denn Einsicht hängt von Erziehung, und Erziehung hängt wieder von der Einsicht ab" (Kant, 1977, A 14).

Einen zentralen Ausgangspunkt explizit moderner Sozialethiken[15] stellt die Theorie der Gerechtigkeit von John **Rawls** dar. Rawls fragt letztlich nach den Grundsätzen einer wohlgeordneten Gesellschaft, die am Wohl ihrer Mitglieder ausgerichtet ist. Und gerecht ist das, was für möglichst alle ein gutes Leben ermöglicht: „Der Hauptgedanke ist der, daß sich das Wohl eines Menschen bestimmt als der für ihn vernünftigste langfristige Lebensplan unter einigermaßen günstigen Umständen. Ein Mensch ist glücklich, wenn er bei der Ausführung dieses Plans einigen Erfolg hat. Um es kurz zu sagen, das Gute ist die Befriedigung vernünftiger Bedürfnisse" (Rawls, 1975, 113). Für Rawls liegt aber ganz aristotelisch und kantianisch das Interesse auf vernünftigen Lebensplänen (ebd., 446) – individuelle Lebenspläne sollen mit der sozialen Verflochtenheit dieser Individuen kompatibel sein, wie wenn sie zu einem allgemeinen Gesetz werden könnten. „Die soziale Verflochtenheit dieser Werte zeigt sich darin, daß sie nicht nur dem Wohle derer dienen, die sich ihrer erfreuen, sondern im allgemeinen auch dem anderer. Bei der Verwirklichung dieser Ziele fördert man im allgemeinen auch die vernünftigen Pläne seiner Mitmenschen" (ebd., 464). In gesellschaftlicher Perspektive sind für die Befriedigung der Bedürfnisse in vernünftigen Lebensplänen der Individuen aber soziale Institutionen relevant. Aber wie sollen soziale Institutionen gestaltet sein? Rawls bringt hier zwei zentrale Gerechtigkeits-Prinzipien ins Spiel:
„Erster Grundsatz: Jedermann hat gleiches Recht auf das umfangreichste Gesamtsystem gleicher Grundfreiheiten, das für alle möglich ist.
Zweiter Grundsatz: Soziale und wirtschaftliche Ungleichheiten müssen folgendermaßen beschaffen sein:
(a) sie müssen unter der Einschränkung des gerechten Spargrundsatzes den am wenigsten Begünstigten den größtmöglichen Vorteil bringen, und (b) sie müssen mit Ämtern und Positionen verbunden sein, die allen gemäß fairer Chancengleichheit offenstehen" (ebd., 336).

Kantianisch an diesen Grundsätzen der Gerechtigkeit ist, dass für alle die gleichen Freiheiten nach einem allgemeinen Gesetz gelten sollten; wahrhaft aristotelisch ist, dass neben dieser austeilenden Gerechtigkeit der gleichen Freiheit und Rechte für alle zugleich je nach Lebenslage differenziert werden muss: Es ist gerecht, dass die am wenigsten Begünstigten –

---

[15] Für einen Überblick zu zentralen Gerechtigkeitstheorien vgl. Müller, 2014.

bzw. diejenigen, welche am schwersten erreichbar sind – am besondersten (und damit ungleich) gefördert werden und damit Ungleichheit ausgeglichen wird. „Geht man von den Institutionen aus, wie sie von der gleichen Freiheit für alle und der fairen Chancengleichheit gefordert werden, so sind die besseren Aussichten der Begünstigten genau dann gerecht, wenn sie zur Verbesserung der Aussichten der am wenigsten Begünstigten Mitglieder der Gesellschaft beitragen" (Rawls, 1975, 96). Eine solche ausgleichende Gerechtigkeit ist grundlegend bedingt durch die Fähigkeit der Menschen, eine Vorstellung von ihrem Wohl zu entwickeln, wie auch der Fähigkeit, einen Gerechtigkeitssinn ausbilden zu können (ebd., 548). Die Notwendigkeit zu einer Gerechtigkeit als Fairness liegt für Rawls somit in der Fähigkeit des Menschen zu sittlicher Einsicht, nicht in deren konkreter Verwirklichung (ebd., 553).

Der **Capability Approach** von Amartya Sen und Martha Nussbaum stellt dann konsequent die Fähigkeiten des Menschen ins Zentrum der Gerechtigkeit. Wie bei Rawls sind auch im Fähigkeitenansatz die menschlichen Fähigkeiten als bloße Möglichkeit Bedingung für Gerechtigkeit und ihre Verwirklichung in sozialen Institutionen. „Meiner Version des Fähigkeitenansatzes liegt der intuitive Gedanke zugrunde, daß wir von einer bestimmten Konzeption der Würde des Menschen und eines dieser Würde gemäßen Lebens ausgehen sollten – eines Lebens, das die Möglichkeit eines ‚wahrhaft menschlichen Tätigseins' eröffnet" (Nussbaum, 2010, 110). Nussbaum erweitert dabei die Fähigkeiten über die sittliche Einsicht hinaus zu einer Liste menschlicher Entfaltungsmöglichkeiten. „Die Konzeption zielt nicht direkt darauf, Menschen dazu zu bringen, auf eine ganz bestimmte Weise zu funktionieren. Sie zielt vielmehr darauf ab, Menschen hervorzubringen, die zu bestimmten Tätigkeiten befähigt sind und die sowohl die Ausbildung als auch die Ressourcen haben, um diese Tätigkeiten auszuüben, falls sie dies wünschen. Die Entscheidung ist ihnen überlassen" (Nussbaum, 2014, 40f).

Um das Menschsein als tätiges Menschsein entfalten zu können, braucht es also die Entwicklung und Förderung von Fähigkeiten, die uns befähigen, ein gutes Leben zu führen. Fähigkeiten sind aber bei Menschen nicht gleich ausgeprägt und Ressourcen höchst unterschiedlich verfügbar. Im Fähigkeitenansatz wird deshalb gerade denjenigen besondere Beachtung geschenkt, die möglicherweise aufgrund individueller Beeinträchtigungen

Fähigkeiten

Leben	Die Fähigkeit, ein menschliches Leben normaler Dauer bis zum Ende zu leben; nicht frühzeitig zu sterben und nicht zu sterben, bevor das Leben so eingeschränkt ist, daß es nicht mehr lebenswert ist.
Körperliche Gesundheit	Die Fähigkeit, bei guter Gesundheit zu sein, wozu auch die reproduktive Gesundheit, eine angemessene Ernährung und eine angemessene Unterkunft gehören.
Körperliche Integrität	Die Fähigkeit, sich frei von einem Ort zum anderen zu bewegen; vor gewaltsamen Übergriffen sicher zu sein, sexuelle Übergriffe und häusliche Gewalt eingeschlossen; Gelegenheit zur sexuellen Befriedigung und zur freien Entscheidung im Bereich der Fortpflanzung zu haben.
Sinne, Vorstellungs- kraft, Denken	Die Fähigkeit, die Sinne zu benutzen, sich etwas vorzustellen, zu denken und zu schlußfolgern – und dies alles auf jene wahrhaft menschliche Weise, die von einer angemessenen Erziehung und Ausbildung geprägt und kultiviert wird, die Lese- und Schreibfähigkeit sowie basale mathematische und wissenschaftliche Kenntnisse einschließt, aber keineswegs auf sie beschränkt ist. Die Fähigkeit, im Zusammenhang mit dem Erleben und Herstellen von selbstgewählten religiösen, literarischen, musikalischen etc. Werken und Ereignissen die Vorstellungskraft und das Denkvermögen zu erproben. Die Fähigkeit, sich seines Verstandes auf Weisen zu bedienen, die durch die Garantie der politischen und künstlerischen Meinungsfreiheit und die Freiheit der Religionsausübung geschützt werden. Die Fähigkeit, angenehme Erfahrungen zu machen und unnötigen Schmerz zu vermeiden.
Gefühle	Die Fähigkeit, Bindungen zu Dingen und Personen außerhalb unserer selbst aufzubauen; die Fähigkeit, auf Liebe und Sorge mit Zuneigung zu reagieren und auf die Abwesenheit dieser Wesen mit Trauer; ganz allgemein zu lieben, zu trauern, Sehnsucht, Dankbarkeit und berechtigten Zorn zu fühlen. Die Fähigkeit, an der eigenen emotionalen Entwicklung nicht durch Furcht und Ängste gehindert zu werden. (Diese Fähigkeit zu unterstützen heißt auch, jene Arten der menschlichen Gemeinschaft zu fördern, die erwiesenermaßen für diese Entwicklung entscheidend sind.)

Praktische Vernunft	Die Fähigkeit, selbst eine persönliche Auffassung des Guten zu bilden und über die eigene Lebensplanung auf kritische Weise nachzudenken. (Hierzu gehört der Schutz der Gewissens- und Religionsfreiheit.)
Zugehörigkeit	A. Die Fähigkeit, mit anderen und für andere zu leben, andere Menschen anzuerkennen und Interesse an ihnen zu zeigen, sich auf verschiedene Formen der sozialen Interaktion einzulassen; sich in die Lage eines anderen hineinzuversetzen. (Der Schutz dieser Fähigkeit erfordert den Schutz jener Institutionen, die diese Formen der Zugehörigkeit konstituieren und fördern, sowie der Versammlungs- und Redefreiheit.) B. Über die sozialen Grundlagen der Selbstachtung und der Nichtdemütigung zu verfügen; die Fähigkeit, als Wesen mit Würde behandelt zu werden, dessen Wert dem anderer gleich ist. Hierzu gehören Maßnahmen gegen die Diskriminierung auf der Grundlage von ethnischer Zugehörigkeit, Geschlecht, sexueller Orientierung, Kaste, Religion und nationaler Herkunft.
Andere Spezies	Die Fähigkeit, in Anteilnahme für und in Beziehung zu Tieren, Pflanzen und zur Welt der Natur zu leben.
Spiel	Die Fähigkeit, zu lachen, zu spielen und erholsame Tätigkeiten zu genießen.
Kontrolle über die eigene Umwelt	A. Politisch: Die Fähigkeit, wirksam an den politischen Entscheidungen teilzunehmen, die das eigene Leben betreffen; ein Recht auf politische Partizipation, auf Schutz der freien Rede und auf politische Vereinigung zu haben. B. Inhaltlich: Die Fähigkeit, Eigentum (an Land und an beweglichen Gütern) zu besitzen und Eigentumsrechte auf der gleichen Grundlage wie andere zu haben; das Recht zu haben, eine Beschäftigung auf der gleichen Grundlage wie andere zu suchen; vor ungerechtfertigter Durchsuchung und Festnahme geschützt zu sein. Die Fähigkeit, als Mensch zu arbeiten, die praktische Vernunft am Arbeitsplatz ausüben zu können und in sinnvolle Beziehungen der wechselseitigen Anerkennung mit anderen Arbeitern treten zu können.

Nussbaum, Martha (2010): Die Grenzen der Gerechtigkeit. Behinderung, Nationalität und Spezieszugehörigkeit. Berlin: Suhrkamp. S. 112–114.

oder sozialer Benachteiligungen vielleicht überhaupt wenig Aussichten haben, einen eigenen vernünftigen Lebensplan von einem guten Leben zu entwickeln. „Das Ziel sollte immer sein, die Person selbst in eine Position zu bringen, in der sie über alle relevanten Fähigkeiten verfügt. Demnach sollte die Gesellschaft es den Menschen ermöglichen, über alle Fähigkeiten auf der Liste zu verfügen – nicht zum Zwecke der sozialen Produktivität, sondern weil es das für den Menschen Gute ist. Alle Menschen sollten die Möglichkeit haben, in dem Maße wie ihr Zustand es erlaubt, das volle Spektrum der menschlichen Vermögen auszubilden und die ihnen mögliche Art der Freiheit und Unabhängigkeit zu genießen" (Nussbaum, 2010, 303).

In diesem selektiven Zugriff auf zentrale sozialethische Gerechtigkeitskonzeptionen wird sichtbar:

→ Die Vorstellung von Gerechtigkeit bedingt die Vorstellung von einem guten Leben.

→ Ein gutes Leben zeichnet sich durch die sittliche Einsicht in einen vernünftigen Lebensplan aus (autonome Lebensführung), sodass er zusammen mit dem Wohl aller anderen bestehen kann (soziale Integration).

→ Hinsichtlich bestehender Ungleichheiten bedeutet gerechtes Handeln nicht nur gleiche Verteilung von Gütern, Ressourcen etc. Um ungleiche Aussichten, Chancen und Fähigkeiten auszugleichen, müssen vielmehr nach dem Differenzprinzip besonders schwierige Verhältnisse ungleich behandelt werden und Menschen mit individuellen Beeinträchtigungen und sozialen Benachteiligungen besonders gefördert werden.

→ Um Selbstachtung und Selbstwirksamkeit und damit soziale Verbundenheit auch in schwierigen sozialen Lebenssituationen zu fördern, braucht es besondere erreichbare soziale Institutionen, in denen sich Fähigkeiten entfalten können. „So ist in der Erfahrung von Liebe die Chance des Selbstvertrauens, in der Erfahrung von rechtlicher Anerkennung die der Selbstachtung und in der Erfahrung von Solidarität schließlich die der Selbstschätzung angelegt" (Honneth, 1994, 277f).

3.2 Im internationalen Recht

Aus dem internationalen Recht bzw. Vereinbarungen lassen sich in unterschiedlicher Hinsicht Aufforderungen zur Förderung von schwer erreichbaren jungen Menschen ableiten. „Denn Recht ist da, wo die Beziehungen von Mensch zu Mensch durch das Gesetz geordnet sind, und das Gesetz ist da, wo unter Menschen Ungerechtigkeit möglich ist" (Aristoteles, 1957, V 10, S. 117).

Die Allgemeine Erklärung der **Menschenrechte** (Resolution 217 (III) der Generalversammlung der Vereinten Nationen) geht von einer dem Menschen innewohnenden Würde aus, die ihn mit gleichen und unveräußerlichen Rechten ausstattet: „Alle Menschen sind frei und gleich an Würde und Rechten geboren. Sie sind mit Vernunft und Gewissen begabt und sollen einander im Geiste der Brüderlichkeit begegnen" (UN, 1948, Art. 1). Mit der Begabung sind im weitesten Sinne Fähigkeiten gemeint, die für eine eigenständige und gemeinschaftliche Lebensführung im Prozess der Erziehung und Bildung ausgebildet werden müssen. Insofern: „Jeder hat das Recht auf Bildung" (UN, 1948, Art. 26 Abs. 1). „Kinder haben Anspruch auf besondere Fürsorge und Unterstützung. Alle Kinder, eheliche wie außereheliche, genießen den gleichen sozialen Schutz" (UN, 1948, Art. 25).

Die Allgemeine Erklärung der Menschenrechte von 1948 ist allerdings nicht völkerrechtlich verbindlich. Eine Konkretisierung und völkerrechtlich verbindliche Festschreibung erfolgte erst ab 1966 auf zwei Ebenen:
Zum einen werden im **Internationalen Pakt über bürgerliche und politische Rechte** (Zivilpakt) die klassisch-liberalen Freiheitsrechte des Einzelnen wie das Recht auf Leben, der körperlichen Unversehrtheit, Freizügigkeit, Rechtsgleichheit, Gedanken-, Gewissens- und Religions-, Meinungs-, Versammlungs-, Diskriminierungs-, Eheschließungsfreiheit etc. hervorgehoben. Der Schwerpunkt liegt auf Rechten, welche die Autonomie des Individuums gegenüber willkürlichen Eingriffen, insbesondere des Staates, schützen sollen.
Zum anderen werden im **Internationalen Pakt über wirtschaftliche, soziale und kulturelle Rechte** (Sozialpakt) die Teilhaberechte des Individuums an Arbeit, Gewerkschaftsvereinigung, Bildung, Kultur, sozialer Sicherung und einem angemessenen Lebensstandard betont.

Während der Zivilpakt über klassisch-liberale Freiheitsrechte die letztlich unbestimmte Entfaltung der eigenen Individualität freigibt bzw. erlaubt, sollen die sozialen Teilhaberechte des Sozialpakts in bestimmter Hinsicht die Einbindung in soziale Systeme ermöglichen[16]. Insbesondere im Sozialpakt heißt es zum Recht auf Arbeit: „(2) Die von einem Vertragsstaat zur vollen Verwirklichung dieses Rechts zu unternehmenden Schritte umfassen fachliche und berufliche Beratung und Ausbildungsprogramme sowie die Festlegung von Grundsätzen und Verfahren zur Erzielung einer stetigen wirtschaftlichen, sozialen und kulturellen Entwicklung und einer produktiven Vollbeschäftigung unter Bedingungen, welche die politischen und wirtschaftlichen Grundfreiheiten des einzelnen schützen" (ICESCR, 1966, Art. 6 Abs. 2). Und zum Recht auf Bildung: „Die Vertragsstaaten erkennen das Recht auf Bildung an. Sie stimmen überein, daß die Bildung auf die volle Entfaltung der menschlichen Persönlichkeit und des Bewußtseins ihrer Würde gerichtet sein und die Achtung vor den Menschenrechten und Grundfreiheiten stärken muß. Sie stimmen ferner überein, daß die Bildung es jedermann ermöglichen muß, eine nützliche Rolle in einer freien Gesellschaft zu spielen" (ICESCR, 1966, Art. 13 Abs. 1).

Neben diesen eher allgemeinen Grundsätzen auf internationaler Ebene bestehen in der **Europäischen Sozialcharta** von 1961 (verhandelt in Turin!) deutliche Konkretisierungen[17]. Diese sind deshalb für die Förderung schwer erreichbarer junger Menschen interessant, weil sie geradezu die Unterschiedlichkeit individueller Lebenssituationen berücksichtigen und die Angemessenheit notwendiger sozialpolitischer Programme betonen. Hier wird ein deutlicher Zusammenhang zwischen geeigneten Förder- bzw. Verwirklichungsmöglichkeiten und der persönlichen Eignung der betroffenen Individuen markiert.
„Die Vertragsstaaten sind gewillt, mit allen zweckdienlichen Mitteln staatlicher und zwischenstaatlicher Art eine Politik zu verfolgen, die darauf abzielt, geeignete Voraussetzungen zu schaffen, damit die tatsächliche

---

[16] Zur Performanz der Erlaubnis und der Ermöglichung im modernen, bürgerlichen Recht vgl. Menke, 2015, z.B. 89.

[17] Die Bundesrepublik Deutschland hat die Europäische Sozialcharta 1961 in Turin mit unterzeichnet und vier Jahre später 67 von 72 Bestimmungen ratifiziert. Die revidierte Europäische Sozialcharta von 1996 hat die Bundesrepublik Deutschland 2007 unterzeichnet, aber noch nicht ratifiziert! Vgl. dazu www.sozialcharta.eu.

Ausübung der folgenden Rechte und Grundsätze gewährleistet ist" (Europäische Sozialcharta, 1961, Teil I). Unter anderem werden folgende Rechte aufgeführt:

> *"Jedermann hat das Recht auf geeignete Möglichkeiten der Berufsberatung, die ihm helfen soll, einen Beruf zu wählen, der seiner persönlichen Eignung und seinen Interessen entspricht" (Europäische Sozialcharta, 1961, Teil I (9)).*
>
> *"Jedermann hat das Recht auf geeignete Möglichkeiten der Berufsausbildung" (ebd., Teil I (10)).*
>
> *"Jedermann hat das Recht auf Fürsorge, wenn er keine ausreichenden Mittel hat" (ebd., Teil I (13)).*
>
> *"Jedermann hat das Recht, soziale Dienste in Anspruch zu nehmen" (ebd., Teil I (14)).*

Diesen grundlegenden Rechten korrespondieren in der Europäischen Sozialcharta im zweiten Teil konkrete Bestimmungen zur Ermöglichung bzw. Verwirklichung dieser Rechte.

> *"Um die wirksame Ausübung des Rechts auf Arbeit zu gewährleisten, verpflichten sich die Vertragsparteien, (...) (4) eine* **geeignete** *Berufsberatung, Berufsausbildung und berufliche Wiedereingliederung sicherzustellen und zu fördern" (Europäische Sozialcharta, 1961, Teil II Art. 1; Hervorhebung A.K.).*
>
> *"Um die wirksame Ausübung des Rechtes auf Berufsberatung zu gewährleisten, verpflichten sich die Vertragsparteien, einen Dienst einzurichten oder zu fördern – soweit dies notwendig ist –,* **der allen Personen** *einschließlich der Behinderten* **hilft, die Probleme der Berufswahl oder beruflichen Aufstiegs zu lösen,** *und zwar* **unter Berücksichtigung ihrer persönlichen Eigenschaften** *und deren Beziehung zu den Beschäftigungsmöglichkeiten; diese Hilfe soll sowohl Jugendlichen einschließlich Kindern schulpflichtigen Alters als auch Erwachsenen zur Verfügung stehen" (Europäische Sozialcharta, 1961, Teil II Art. 9).*

Schon in der Europäischen Sozialcharta von 1961 in Turin wird also angedeutet, dass es für (junge) Menschen Probleme der Berufswahl bzw.

Erwerbsbeschäftigung aufgrund ihrer persönlichen Eigenschaften und/ oder Lebensumstände geben könnte, welche durch geeignete Hilfen gelöst werden sollen. Etwa Lothar Böhnisch hat genau solche Hilfen zur Lebensbewältigung als Funktion Sozialer Arbeit gefasst (Böhnisch, 2013; ders., 2016).

Mit den Empfehlungen des Rates der Europäischen Kommission zu einer **Jugendgarantie** ist der Fokus auf junge Menschen in besonders schwierigen Lebenssituationen am Übergang Schule–Arbeit noch einmal fokussiert. Im Zuge hoher Jugendarbeitslosigkeitsquoten, einer relativ hohen NEETs-Rate und sich verfestigender Armutsgefährdungen im Lebenslauf, wurde den Mitgliedsstaaten der Europäischen Union empfohlen, …

> *„sicherzustellen, dass allen jungen Menschen unter 25 Jahren innerhalb eines Zeitraums von vier Monaten, nachdem sie arbeitslos werden oder die Schule verlassen, eine hochwertige Arbeitsstelle oder Weiterbildungsmaßnahme oder ein hochwertiger Ausbildungs- bzw. Praktikumsplatz angeboten wird" (EU-Rat, 2013, C 120/3).*

> *„Schulabbrechern und geringqualifizierten jungen Menschen Wege zurück in das System der allgemeinen und beruflichen Bildung oder zu Angeboten des zweiten Bildungswegs aufzuzeigen, deren Lernumfeld ihren besonderen Bedürfnissen entspricht und es ihnen ermöglicht, die zuvor nicht erreichten Qualifikationen zu erwerben" (EU-Rat, 2013, C 120/4).*

Dieser besondere Fokus auf einen möglichst gelingenden Übergang in ein selbständiges Erwerbsleben junger Menschen wird in den **20 Prinzipien der Europäischen Säule Sozialer Rechte 2016** noch einmal bestärkt. Unter dem vierten Prinzip wird festgehalten:

> *„Es muss gewährleistet sein, dass alle Arbeitslosen Unterstützung erhalten, um ihre Chancen auf Rückkehr in das Arbeitsleben oder auf den Einstieg in neue Berufe zu erhöhen und ihre soziale Ausgrenzung zu verhindern. Dies kann durch aktive Arbeitsmarktmaßnahmen geschehen, die die Chancengleichheit verbessern, den Zugang zum Arbeitsmarkt erleichtern, die Entwicklung von Kompetenzen fördern und beim Arbeitsplatzwechsel Unterstützung leisten" (Europäische Kommission, 2016, 1).*

"Diese NEETs sind häufig auch am schwersten zu erreichen und benötigen intensivere Hilfe, als sie von den öffentlichen Arbeitsverwaltungen üblicherweise geleistet wird, beispielsweise durch Partnerschaften mit sozialen Diensten, Sozialarbeitern oder Bildungseinrichtungen" (ebd.).

Für den Blick insbesondere auf Kinder ist natürlich auch die **UN-Kinderrechtskonvention** relevant, mit deren Ratifizierung sich die Vertragsstaaten verpflichten, für das Kind „den Schutz und die Fürsorge zu gewährleisten, die zu seinem Wohlergehen notwendig sind; zu diesem Zweck treffen sie alle geeigneten Gesetzgebungs- und Verwaltungsmaßnahmen" (UN, 1989, Art. 3, Abs. 2).

Schutz vor Gewaltanwendung, Misshandlung, Verwahrlosung: „(1) Die Vertragsstaaten treffen alle geeigneten Gesetzgebungs-, Verwaltungs-, Sozial- und Bildungsmaßnahmen, um das Kind vor jeder Form körperlicher oder geistiger Gewaltanwendung, Schadenzufügung oder Misshandlung, vor Verwahrlosung oder Vernachlässigung, vor schlechter Behandlung oder Ausbeutung einschließlich des sexuellen Missbrauchs zu schützen, solange es sich in der Obhut der Eltern oder eines Elternteils, eines Vormunds oder anderen gesetzlichen Vertreters oder einer anderen Person befindet, die das Kind betreut. (2) Diese Schutzmaßnahmen sollen je nach den Gegebenheiten wirksame Verfahren zur Aufstellung von Sozialprogrammen enthalten, die dem Kind und denen, die es betreuen, die erforderliche Unterstützung gewähren und andere Formen der Vorbeugung vorsehen sowie Maßnahmen zur Aufdeckung, Meldung, Weiterverweisung, Untersuchung, Behandlung und Nachbetreuung in den in Absatz 1 beschriebenen Fällen schlechter Behandlung von Kindern und gegebenenfalls für das Einschreiten der Gerichte" (UN, 1989, Art. 19, Abs. 1–2).

Recht auf Bildung, Schule und Berufsausbildung: „die Entwicklung verschiedener Formen der weiterführenden Schulen allgemeinbildender und berufsbildender Art fördern, sie allen Kindern verfügbar und zugänglich machen und geeignete Maßnahmen wie die Einführung der Unentgeltlichkeit und die Bereitstellung finanzieller Unterstützung bei Bedürftigkeit treffen" (UN, 1989, Art. 28, Abs. 1b).

Bildungsziele: „das Kind auf ein verantwortungsbewusstes Leben in einer freien Gesellschaft im Geist der Verständigung, des Friedens, der Toleranz, der Gleichberechtigung der Geschlechter und der Freundschaft zwi-

schen allen Völkern und ethnischen, nationalen und religiösen Gruppen sowie zu Ureinwohnern vorbereiten" (UN, 1989, Art. 29 Abs. 1d).

Genesung und Wiedereingliederung geschädigter Kinder: „Die Vertragsstaaten treffen alle geeigneten Maßnahmen, um die physische und psychische Genesung und die soziale Wiedereingliederung eines Kindes zu fördern, das Opfer irgendeiner Form von Vernachlässigung [...] geworden ist. Die Genesung und Wiedereingliederung müssen in einer Umgebung stattfinden, die der Gesundheit, der Selbstachtung und der Würde des Kindes förderlich ist" (UN, 1989, Art. 39).

3.3 Im deutschen Recht

„(1) Jeder hat das Recht auf die freie Entfaltung seiner Persönlichkeit, soweit er nicht die Rechte anderer verletzt und nicht gegen die verfassungsmäßige Ordnung oder das Sittengesetz verstößt" (Art. 2 Abs. 1 GG).

Korrelierend zum Hauptfreiheitsartikel findet sich als grundlegendes Sozialstaatsgebot in Art. 20 im Grundgesetz der Bundesrepublik Deutschland: „Die Bundesrepublik Deutschland ist ein demokratischer und sozialer Bundesstaat" (Art. 20 GG). Daraus abgeleitet ist die konkrete sozialstaatliche Ausgestaltung im Sozialgesetzbuch mit seinen spezifischen Büchern rechtlich normiert. Während die Grundrechte im Grundgesetz prinzipiell die freie Entfaltung der Persönlichkeit in geradezu unbestimmter Hinsicht erlauben und rechtlich sichern, sollen die Ausführungen des Sozialgesetzbuches die Verwirklichung dieser Entfaltung in bestimmten Hinsichten institutionell ermöglichen (Menke, 2015)[18]. Die grundlegende Idee und die Aufgaben des Sozialgesetzbuches sind in § 1 SGB I normiert:

„(1) Das Recht des Sozialgesetzbuchs soll zur Verwirklichung sozialer Gerechtigkeit und sozialer Sicherheit Sozialleistungen einschließlich sozialer und erzieherischer Hilfen gestalten. Es soll dazu beitragen,

ein menschenwürdiges Dasein zu sichern,

---

[18] Vgl. instruktiv und exemplarisch hierzu: „Dem Staat ist damit von Verfassungs wegen eine Verantwortung für die Schaffung und Sicherung der notwendigen sozialen Voraussetzungen grundrechtlicher Freiheit zuerkannt" (Böckenförde, 2016, 244).

gleiche Voraussetzungen für die freie Entfaltung der Persönlichkeit, insbesondere auch für junge Menschen, zu schaffen,

die Familie zu schützen und zu fördern,

den Erwerb des Lebensunterhalts durch eine frei gewählte Tätigkeit zu ermöglichen und

besondere Belastungen des Lebens, auch durch Hilfe zur Selbsthilfe, abzuwenden oder auszugleichen.

(2) Das Recht des Sozialgesetzbuchs soll auch dazu beitragen, daß die zur Erfüllung der in Absatz 1 genannten Aufgaben erforderlichen sozialen Dienste und Einrichtungen rechtzeitig und ausreichend zur Verfügung stehen" (§ 1 SGB I).

Das Sozialgesetzbuch nimmt in dieser Aufgabenbestimmung und dann mit seinen einzelnen Büchern eine ganzheitliche Perspektive auf die (möglicherweise problematischen) Besonderungen des menschlichen Lebens ein. Die Idee der freiheitlichen Grundrechte des Grundgesetzes wird mit der Zielstellung des menschenwürdigen Daseins und der freien Entfaltung der Persönlichkeit aufgenommen, allerdings über die Bestimmungen des Grundgesetzes hinaus um die Perspektive der sozialen Gerechtigkeit und Sicherheit spezifiziert. Daraus lässt sich eine grundsätzliche Aufforderung zum ganzheitlichen Handeln ableiten, insbesondere für junge Menschen soziale Dienste zur Verfügung zu stellen, um besondere Belastungen auszugleichen und dadurch ein menschenwürdiges Leben in eigener Tätigkeit zu ermöglichen. Diese gesellschaftliche Vorstellung, dass sich ein „gutes" und gerechtes Leben in tätiger Arbeit für alle vollzieht, bringt auch der Koalitionsvertrag von CDU, CSU und SPD aus dem Jahr 2018 zum Ausdruck: „Wir bekennen uns zum Ziel der Vollbeschäftigung. Dazu gehört auch, dass Menschen, die schon sehr lange arbeitslos sind, wieder eine Perspektive auf dem Arbeitsmarkt eröffnet wird. Mit einem ganzheitlichen Ansatz wollen wir die Qualifizierung, Vermittlung und Reintegration von Langzeitarbeitslosen in den Arbeitsmarkt vorantreiben" (CDU/CSU/SPD, 2018, Z. 2233f, S. 50).

Problematisch am Sozialgesetzbuch ist, dass diese ganzheitliche Perspektive hinsichtlich einzelner perspektivischer Leistungsbereiche in spezifische Sozialgesetzbücher und damit unterschiedliche Rechtskreise (und damit verschiedene ausführende Behörden) ausdifferenziert ist.

Für die Zielgruppe der schwer erreichbaren jungen Menschen am Übergang in ein selbständiges Erwerbsleben sind das SGB II, SGB III und SGB VIII relevant. Als Argumentationsgrundlage sind hier die maßgeblichen Zielperspektiven und damit verbundenen Handlungsaufforderungen aufgeführt. Eine eingehendere Diskussion findet weiter unten statt.

SGB VIII: Kinder- und Jugendhilfe
Die allgemeine Zielsetzung für junge Menschen ist die Entwicklung zu einer eigenständigen und gemeinschaftsfähigen Persönlichkeit. Die staatliche Gemeinschaft wacht hierüber und hat in Form der Jugendhilfe über spezifische Leistungen individuelle Benachteiligungen auszugleichen und die individuelle und soziale Entwicklung zu fördern. Die aktuellen Änderungen des Achten Buches Sozialgesetzbuch im Kontext des am 09.06.2021 in Kraft getretenen Kinder- und Jugendstärkungsgesetzes sind aufgenommen.

„(1) Jeder junge Mensch hat ein Recht auf Förderung seiner Entwicklung und auf Erziehung zu einer selbstbestimmten, eigenverantwortlichen und gemeinschaftsfähigen Persönlichkeit.

(2) Pflege und Erziehung der Kinder sind das natürliche Recht der Eltern und die zuvörderst ihnen obliegende Pflicht. Über ihre Betätigung wacht die staatliche Gemeinschaft.

(3) Jugendhilfe soll zur Verwirklichung des Rechts nach Absatz 1 insbesondere

1. junge Menschen in ihrer individuellen und sozialen Entwicklung fördern und dazu beitragen, Benachteiligungen zu vermeiden oder abzubauen,

2. jungen Menschen ermöglichen oder erleichtern, entsprechend ihrem Alter und ihrer individuellen Fähigkeiten in allen sie betreffenden Lebensbereichen selbstbestimmt zu interagieren und damit gleichberechtigt am Leben in der Gesellschaft teilhaben zu können,

3. Eltern und andere Erziehungsberechtigte bei der Erziehung beraten und unterstützen,

4. Kinder und Jugendliche vor Gefahren für ihr Wohl schützen,

5. dazu beitragen, positive Lebensbedingungen für junge Menschen und ihre Familien sowie eine kinder- und familienfreundliche Umwelt zu erhalten oder zu schaffen." (§ 1 SGB VIII)

Insbesondere bei individuellen Beeinträchtigungen oder sozialen Benachteiligungen sollen im Rahmen der Jugendsozialarbeit (§ 13 SGB VIII) die schulische und berufliche Ausbildung, die Eingliederung in die Arbeitswelt wie auch die soziale Integration gefördert werden.

„(1) Jungen Menschen, die zum Ausgleich sozialer Benachteiligungen oder zur Überwindung individueller Beeinträchtigungen in erhöhtem Maße auf Unterstützung angewiesen sind, sollen im Rahmen der Jugendhilfe sozialpädagogische Hilfen angeboten werden, die ihre schulische und berufliche Ausbildung, Eingliederung in die Arbeitswelt und ihre soziale Integration fördern.

(2) Soweit die Ausbildung dieser jungen Menschen nicht durch Maßnahmen und Programme anderer Träger und Organisationen sichergestellt wird, können geeignete sozialpädagogisch begleitete Ausbildungs- und Beschäftigungsmaßnahmen angeboten werden, die den Fähigkeiten und dem Entwicklungsstand dieser jungen Menschen Rechnung tragen.

(3) Jungen Menschen kann während der Teilnahme an schulischen oder beruflichen Bildungsmaßnahmen oder bei der beruflichen Eingliederung Unterkunft in sozialpädagogisch begleiteten Wohnformen angeboten werden. In diesen Fällen sollen auch der notwendige Unterhalt des jungen Menschen sichergestellt und Krankenhilfe nach Maßgabe des § 40 geleistet werden.

(4) Die Angebote sollen mit den Maßnahmen der Schulverwaltung, der Bundesagentur für Arbeit, der Jobcenter, der Träger betrieblicher und außerbetrieblicher Ausbildung sowie der Träger von Beschäftigungsangeboten abgestimmt werden." (§ 13 SGB VIII)

Dass Hilfen für junge Menschen über das Erreichen der Volljährigkeit hinaus für eine eigenständige Lebensführung in der Gesellschaft geeignet und notwendig sein können, stellt das SGB VIII gesondert in Rechnung: hinsichtlich dem Entwicklungsstand der jungen Menschen wie auch im Kontext der Care-Leaver-Thematik als Nachbetreuung.

„(1) Junge Volljährige erhalten geeignete und notwendige Hilfe nach diesem Abschnitt, wenn und solange ihre Persönlichkeitsentwicklung eine selbstbestimmte, eigenverantwortliche und selbständige Lebensführung nicht gewährleistet. Die Hilfe wird in der Regel nur bis zur Vollendung des

21. Lebensjahres gewährt; in begründeten Einzelfällen soll sie für einen begrenzten Zeitraum darüber hinaus fortgesetzt werden. Eine Beendigung der Hilfe schließt die erneute Gewährung oder Fortsetzung einer Hilfe nach Maßgabe der Sätze 1 und 2 nicht aus." (§ 41 SGB VIII)

„(1) Junge Volljährige werden innerhalb eines angemessenen Zeitraums nach Beendigung der Hilfe bei der Verselbständigung im notwendigen Umfang und in einer für sie verständlichen, nachvollziehbaren und wahrnehmbaren Form beraten und unterstützt." (§ 41a SGB VIII)

SGB II: Grundsicherung für Arbeitsuchende

Die Grundsicherung für Arbeitsuchende sichert zum einen den Lebensunterhalt, hat aber explizit die Förderung der Erwerbstätigkeit zum Ziel, um ein eigenständiges Leben in/durch (Erwerbs-)Arbeit führen zu können.

„(1) Die Grundsicherung für Arbeitsuchende soll es Leistungsberechtigten ermöglichen, ein Leben zu führen, das der Würde des Menschen entspricht.

(2) Die Grundsicherung für Arbeitsuchende soll die Eigenverantwortung von erwerbsfähigen Leistungsberechtigten und Personen, die mit ihnen in einer Bedarfsgemeinschaft leben, stärken und dazu beitragen, dass sie ihren Lebensunterhalt unabhängig von der Grundsicherung aus eigenen Mitteln und Kräften bestreiten können. Sie soll erwerbsfähige Leistungsberechtigte bei der Aufnahme oder Beibehaltung einer Erwerbstätigkeit unterstützen und den Lebensunterhalt sichern, soweit sie ihn nicht auf andere Weise bestreiten können. Die Gleichstellung von Männern und Frauen ist als durchgängiges Prinzip zu verfolgen. Die Leistungen der Grundsicherung sind insbesondere darauf auszurichten, dass

1. durch eine Erwerbstätigkeit Hilfebedürftigkeit vermieden oder beseitigt, die Dauer der Hilfebedürftigkeit verkürzt oder der Umfang der Hilfebedürftigkeit verringert wird,

2. die Erwerbsfähigkeit einer leistungsberechtigten Person erhalten, verbessert oder wieder hergestellt wird,

3. geschlechtsspezifischen Nachteilen von erwerbsfähigen Leistungsberechtigten entgegengewirkt wird,

4. die familienspezifischen Lebensverhältnisse von erwerbsfähigen Leistungsberechtigten, die Kinder erziehen oder pflegebedürftige Angehörige betreuen, berücksichtigt werden,

5. behindertenspezifische Nachteile überwunden werden,
6. Anreize zur Aufnahme und Ausübung einer Erwerbstätigkeit geschaffen und aufrechterhalten werden.

(3) Die Grundsicherung für Arbeitsuchende umfasst Leistungen zur
1. Beratung,
2. Beendigung oder Verringerung der Hilfebedürftigkeit insbesondere durch Eingliederung in Ausbildung oder Arbeit und
3. Sicherung des Lebensunterhalts." (§ 1 SGB II)

Im SGB II ist explizit die Förderung schwer erreichbarer junger Menschen mit einem eigenständigen Paragraphen § 16 h seit 2016 realisiert: Damit wird aus sozialpolitischer Perspektive in Rechnung gestellt, dass es für besondere Problemlagen besondere Sozialleistungslösungen braucht.

„(1) Für Leistungsberechtigte, die das 25. Lebensjahr noch nicht vollendet haben, kann die Agentur für Arbeit Leistungen erbringen mit dem Ziel, die aufgrund der individuellen Situation der Leistungsberechtigten bestehenden Schwierigkeiten zu überwinden,

1. eine schulische, ausbildungsbezogene oder berufliche Qualifikation abzuschließen oder anders ins Arbeitsleben einzumünden und

2. Sozialleistungen zu beantragen oder anzunehmen.

Die Förderung umfasst zusätzliche Betreuungs- und Unterstützungsleistungen mit dem Ziel, dass Leistungen der Grundsicherung für Arbeitsuchende in Anspruch genommen werden, erforderliche therapeutische Behandlungen eingeleitet werden und an Regelangebote dieses Buches zur Aktivierung und Stabilisierung und eine frühzeitige intensive berufsorientierte Förderung herangeführt wird.

(2) Leistungen nach Absatz 1 können erbracht werden, wenn die Voraussetzungen der Leistungsberechtigung mit hinreichender Wahrscheinlichkeit vorliegen oder zu erwarten sind oder eine Leistungsberechtigung dem Grunde nach besteht. Einer Leistung nach Absatz 1 steht eine fehlende Antragstellung der leistungsberechtigten Person nicht entgegen.

(3) Über die Leistungserbringung stimmen sich die Agentur für Arbeit und der örtlich zuständige Träger der öffentlichen Jugendhilfe ab.

(4) Träger bedürfen einer Zulassung nach dem Fünften Kapitel des Dritten Buches, um Maßnahmen nach Absatz 1 durchzuführen.

(5) Zuwendungen sind nach Maßgabe der §§ 23 und 44 der Bundeshaushaltsordnung zulässig." (§ 16 h SGB II)

SGB III: Arbeitsförderung
Hinsichtlich der Systematik wie auch Differenzierung gegenüber dem SGB II werden im SGB III Möglichkeiten der Arbeitsförderung normiert, ebenso wie in SGB II mit dem Ziel der Integration in den Arbeitsmarkt. Insbesondere mit Blick auf die zahlreichen Bestimmungen zu jungen Menschen ist die Differenzierung zum SGB II nicht eindeutig.

„(1) Die Arbeitsförderung soll dem Entstehen von Arbeitslosigkeit entgegenwirken, die Dauer der Arbeitslosigkeit verkürzen und den Ausgleich von Angebot und Nachfrage auf dem Ausbildungs- und Arbeitsmarkt unterstützen. Dabei ist insbesondere durch die Verbesserung der individuellen Beschäftigungsfähigkeit Langzeitarbeitslosigkeit zu vermeiden. Die Gleichstellung von Frauen und Männern ist als durchgängiges Prinzip der Arbeitsförderung zu verfolgen. Die Arbeitsförderung soll dazu beitragen, dass ein hoher Beschäftigungsstand erreicht und die Beschäftigungsstruktur ständig verbessert wird. Sie ist so auszurichten, dass sie der beschäftigungspolitischen Zielsetzung der Sozial-, Wirtschafts- und Finanzpolitik der Bundesregierung entspricht.

(2) Die Leistungen der Arbeitsförderung sollen insbesondere

1. die Transparenz auf dem Ausbildungs- und Arbeitsmarkt erhöhen, die berufliche und regionale Mobilität unterstützen und die zügige Besetzung offener Stellen ermöglichen,

2. die individuelle Beschäftigungsfähigkeit durch Erhalt und Ausbau von Fertigkeiten, Kenntnissen und Fähigkeiten fördern,

3. unterwertiger Beschäftigung entgegenwirken und

4. die berufliche Situation von Frauen verbessern, indem sie auf die Beseitigung bestehender Nachteile sowie auf die Überwindung eines geschlechtsspezifisch geprägten Ausbildungs- und Arbeitsmarktes hinwirken und Frauen mindestens entsprechend ihrem Anteil an den Arbeitslosen und ihrer relativen Betroffenheit von Arbeitslosigkeit gefördert werden.

(3) Die Bundesregierung soll mit der Bundesagentur zur Durchführung der Arbeitsförderung Rahmenziele vereinbaren. Diese dienen der Umsetzung der Grundsätze dieses Buches. Die Rahmenziele werden spätestens zu Beginn einer Legislaturperiode überprüft." (§ 1 SGB III)

3.4 Volkswirtschaftlich – sozialpolitisch

In statistischer Hinsicht liegt insbesondere in marktwirtschaftlichen Gesellschaften ein Korrelationszusammenhang nahe zwischen (z.B. Dohmen/Radbruch, 2019, 28) …

→ einer prekären Lebenssituation in der Herkunftsfamilie,

→ einem Risiko für die Bildungs- und Handlungskompetenzen junger Menschen,

→ geringen Qualifikationen,

→ Problemen der beruflichen Integration und

→ einer prekären Lebenssituation bzw. Armut.

So identifizieren z.B. die nationalen Bildungsberichte einen zentralen Zusammenhang zwischen den familiären Lebensverhältnissen, der Bildungsbeteiligung und dem Kompetenzerwerb junger Menschen. Dabei bestehen drei zentrale Risikofaktoren für eine gelingende (schulische) Qualifikation junger Menschen: bildungsfernes Elternhaus (kein Elternteil hat einen Sekundarbereich II oder eine entsprechende berufliche Ausbildung), Nicht-Erwerbstätigkeit der Eltern, Haushaltseinkommen unterhalb der Armutsgefährdungsgrenze (z.B. Autorengruppe Bildungsberichterstattung, 2018, 37).

Zugleich zeigt sich ein Zusammenhang zwischen erreichter Qualifikation und beruflicher Integration: „Je höher der Bildungsabschluss, desto geringer das Risiko der Erwerbslosigkeit. Dieser Zusammenhang ist in den vergangenen Jahren immer deutlicher geworden, für Männer in noch stärkerem Maße als für Frauen. So lag 2017 die Erwerbslosenquote der Männer mit geringer Qualifikation (Real- oder Hauptschulabschluss bzw. Anlernausbildung oder berufliches Praktikum) bei 10,7 %. Unter den Hochqualifizierten (Meister, Techniker, Hochschulabsolventen und ähnliche Abschlüsse)

betrug sie hingegen nur 2,0 %. Bei den Frauen lag die Erwerbslosenquote der Geringqualifizierten bei 8,0 %, unter den Hochqualifizierten dagegen ebenso bei nur 2,0 %" (Statistisches Bundesamt, 2018, 11)[19].
Und Erwerbslosigkeit korreliert häufig mit einer prekären Lebenslage: „Erwerbstätige haben eine deutlich niedrigere Armutsrisikoquote als die Gesamtbevölkerung" (BMAS, 2017, 10)[20].

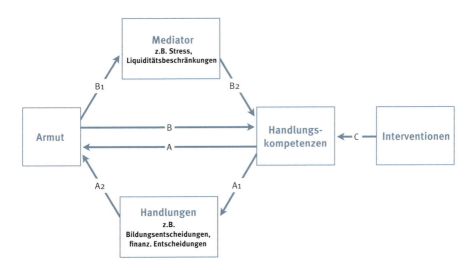

Abb.: Wirkungszusammenhang Armut – Handlungsfähigkeit
Quelle: Systematische Darstellung möglicher Einflussfaktoren und Kausalzusammenhänge in der Beziehung zwischen Armut, Handlungen und Handlungskompetenzen. In: Dohmen/ Radbruch, 2019, 5.

Prekäre Lebenssituationen, geringe Handlungskompetenzen, geringe/ keine Qualifikationen, berufliche Integrationsprobleme auf individueller

---

[19] Auch international lässt sich ein Zusammenhang zwischen niedrigem Bildungsstand und niedrigem Einkommen feststellen (OECD, 2016, 24ff).

[20] Aber Vorsicht: Zwar korreliert Erwerbslosigkeit mit einem höheren Armutsrisiko, aber trotzdem sind die meisten Armen nicht erwerbslos. „Nur 8 Prozent der erwachsenen Armen sind tatsächlich erwerbslos, 29 Prozent sind dagegen Rentner*innen und Pensionär*innen und 32 Prozent sind erwerbstätig – überwiegend sozialversicherungspflichtig, wie der Paritätische Armutsbericht 2018 auf Grundlage des SOEP belegen konnte" (Paritätischer, 2019b, 36).

Ebene – aber auch mit volkswirtschaftlichen Kosten! Etwa „im Jahr 2011 büßte die Wirtschaft durch die Nichtbeteiligung junger Menschen am Arbeitsmarkt 153 Mrd. EUR ein. Diese konservative Schätzung entspricht 1,2 % des europäischen BIP" (Eurofound, 2016, EF/12/54/DE 1). Insofern muss es auch aus volkswirtschaftlicher Perspektive Ziel der sozialpolitischen Bemühungen sein, gerade für junge Menschen den Übergang in die Arbeitswelt möglichst gelingend zu fördern.

> „Idealtypisch lässt sich eine Bedingungskette ausmachen, bei der (gute und möglichst hochwertige) Schulabschlüsse den Zugang zur (dualen) Berufsausbildung sichern, eine abgeschlossene Berufsausbildung die Grundbedingung für die erfolgreiche Platzierung auf dem Arbeitsmarkt darstellt sowie Erwerbsarbeit für die große Mehrheit der Bevölkerung die gesellschaftliche Teilhabe im materiellen, politisch-institutionellen und kulturellen Bereich ermöglicht. Misslingen Übergänge im Bildungs-, Ausbildungs- und Erwerbssystem dauerhaft, können sich also junge Frauen und Männer nicht erfolgreich in Ausbildung oder Erwerbsarbeit platzieren, droht ihnen eine immer stärker werdende soziale Exklusion" (DJI, 2015, 6f).

> „In einigen EU-Staaten bleibt die Arbeitsplatzsuche auch für Berufseinsteigerinnen und Berufseinsteiger ein schwieriges Unterfangen. Die EU-weite Erwerbslosenquote der 15- bis 24-Jährigen lag 2017 bei 16,8 % und war damit mehr als doppelt so hoch wie der Durchschnitt über alle Altersgruppen (7,6 %)" (Statistisches Bundesamt, 2018, 12).

> „Ein fehlender Schul- oder Berufsabschluss stellt einen der wichtigsten Risikofaktoren für Arbeitslosigkeit und ein erhebliches Armutsrisiko dar" (Münder/Hofmann, 2017, 9).

3.5 Jugendarbeit der Kirche – Jugendpastoral

Eine Aufforderung zum Handeln für junge Menschen liegt auch im Selbstverständnis der Katholischen Kirche. Maßgeblich ist nach wie vor der **Synodenbeschluss über Ziele und Aufgaben kirchlicher Jugendarbeit** der Deutschen Bischofskonferenz von 1975.

> *„Der Dienst der Kirche zielt auf das Heil des ganzen Menschen. Deshalb gehört der Dienst an der Welt zu ihrem Wesen, denn darin vollzieht sie ihren Auftrag und beglaubigt ihn. Wo die Kirche selbstlos der Welt und den Menschen dient, dient sie zugleich Gott"* (DDB, 1975, 7f).

> *„Die Katholische Kirche sieht sich in dieser Hinsicht in der Sozialen Verantwortung und bringt sich in die Bemühungen um eine sinnvolle Steuerung des gesellschaftlichen Wandels ein. Denn dieser ist kein blindes Schicksal, sondern Aufgabe und Verantwortung des Menschen. Planende Zukunftsgestaltung stößt jedoch auf Hindernisse. Teils sind es irrationale Kräfte, teils zielbewußte Interessen derer, die von bestehenden ungerechten Verhältnissen profitieren"* (ebd., 4).

Der Schwerpunkt dieses Synodenbeschlusses liegt thematisch auf jungen Menschen. Registriert wurde schon 1975 das Brüchigwerden religiöser Selbst-Erfahrungen, insbesondere bei jungen Menschen:

> *„Kirchliche Jugendarbeit muß daher helfen, das Unbehagen an der Kirche zum Ausdruck zu bringen und auf seine Gründe zu hinterfragen. Es besteht nicht nur in der vom Jugendlichen empfundenen Diskrepanz zwischen Idee und Wirklichkeit der Kirche. Viele Jugendliche leiden gerade deshalb an der Kirche oder lehnen sich gegen sie auf, weil aufgrund jener Diskrepanz die Lehre Jesu ihnen nicht als Weg aus den Widersprüchen und Dissonanzen ihrer Existenz glaubwürdig gemacht wird"* (ebd., 5).

Aber gerade aus dieser Erkenntnis heraus ist Jugendarbeit der Kirche für die Kirche wichtig:

> *„Jugendarbeit in der Kirche – Jugendarbeit der Christen – stellt sich darauf ein, daß sie Räume und Lernfelder zu schaffen versucht, in denen junge Menschen, junge Christen Leben zu erfahren, zu verstehen und zu gestalten lernen"* (DDB, 1975, 2).

> *„Jugendarbeit ist daher zugleich Dienst der Kirche an der Jugend überhaupt und Dienst an der Jugend der Kirche. Sie ist immer zugleich ein Dienst am einzelnen jungen Menschen und ein Dienst an der Gesellschaft, deren Schicksal davon abhängt, wie die Generationen miteinander zu leben und zu arbeiten verstehen"* (DDB, 1975, 2).

„Maßstab für christliches Handeln ist die selbstlose Hinwendung Jesu zu den Menschen, in der die Hinwendung Gottes zum Menschen endgültig sichtbar geworden ist. Darum muß Jugendarbeit der Christen selbstloser Dienst an den jungen Menschen und an der Gestaltung einer Gesellschaft sein, die von den Heranwachsenden als sinnvoll und menschenwürdig erfahren werden kann" (DDB, 1975, 5).

„Wo Jugend das Leben nicht nur in seinen eigenen Zusammenhängen zu begreifen und zu verändern sucht, sondern sich für Fragen seiner Sinngebung und Zielorientierung öffnet, wo deren Beantwortung bei Jesus Christus gesucht wird, beginnt – auch außerhalb der kirchlich organisierten Jugendarbeit – Kirche als Gemeinschaft derer, die sich mit Jesus auf den Weg machen, sein Wort hören und sein Leben erfahren" (ebd., 2).

Dieses Grundverständnis und die Ziele kirchlicher Jugendarbeit hat die Katholische Kirche auf der **Jugendsynode 2018 in Rom** letztlich bestätigt. Anerkannt wird die Unterschiedlichkeit jugendlicher Kulturen, ihre eigene lebensalterspezifische Problematik wie auch das Bewusstsein um besonders schwierige Lebensverhältnisse und ein daraus erwachsender kirchlicher Auftrag:

„In der Welt der Jugend herrscht große Pluralität, die so weit geht, dass in einigen Ländern der Begriff ‚Jugend' sogar im Plural verwendet wird. Darüber hinaus ist die Altersgruppe (16–29 Jahre), die im Zentrum dieser Synode stand, nicht homogen, sondern besteht aus Gruppen in ganz unterschiedlichen Lebenssituationen. [...] Die Synode nimmt die reiche Vielfalt der Kulturen wahr, begrüßt sie und stellt sich in den Dienst der Gemeinschaft des Heiligen Geistes" (Bischofssynode, 2018, 7).

„In verschiedenen Beiträgen wurde darauf hingewiesen, dass die Kirche sich mutig auf ihre Seite stellen und sich an der Schaffung von Alternativen beteiligen muss, die Ausgrenzung und Marginalisierung beseitigen, indem Akzeptanz, Begleitung und Integration gestärkt werden. Deshalb ist es notwendig, auch ein Bewusstsein für die Gleichgültigkeit im Leben vieler Christen zu entwickeln, damit diese durch die Vertiefung der sozialen Dimension des Glaubens überwunden werden kann" (Bischofssynode, 2018, 8).

„Bildungseinrichtungen der Kirche versuchen, alle jungen Menschen, unabhängig von ihren religiösen Entscheidungen, ihrem kulturellen Hintergrund und ihrer persönlichen, familiären oder sozialen Situation, willkommen zu heißen. Auf diese Weise leistet die Kirche einen grundlegenden Beitrag zur ganzheitlichen Erziehung junger Menschen in den verschiedensten Teilen der Welt" (Bischofssynode, 2018, 9).

„Die Arbeitswelt ist weiterhin ein Bereich, in dem junge Menschen ihre Kreativität und ihre Fähigkeit, Neues zu gestalten, zum Ausdruck bringen. Gleichzeitig erleben sie Formen der Ausgrenzung und Marginalisierung, die sich am stärksten und gravierendsten in der Jugendarbeitslosigkeit bemerkbar machen, die in einigen Ländern ein exorbitantes Niveau er- reicht hat. Fehlende Arbeitsmöglichkeiten machen sie nicht nur arm, sondern beschneiden sie auch in ihrer Fähigkeit zu träumen und zu hoffen und nehmen ihnen die Möglichkeit, einen Beitrag zur gesellschaftlichen Entwicklung zu leisten. In vielen Ländern ist diese Situation darauf zurückzuführen, dass gewisse Schichten in der jungen Bevölkerung unter anderem aufgrund von Defiziten im Bildungs- und Ausbildungssystems nicht über entsprechende berufliche Fähigkeiten verfügen. Häufig ist die prekäre Beschäftigungssituation, die junge Menschen trifft, eine Folge wirtschaftlicher Interessen, die Arbeitskraft ausbeuten" (Bischofssynode, 2018, Nr. 40, 16f).

„[D]ie Situation von Kindern und Jugendlichen, die ohne ein Dach über dem Kopf, ohne Familie und finanzielle Mittel auf der Straße leben; inhaftierte Jugendliche verdienen hier besondere Aufmerksamkeit. Verschiedene Maßnahmen haben unterstrichen, dass die Kirche die Fähigkeiten dieser ausgegrenzten Jugendlichen und den Beitrag, den sie zur Gemeinschaft leisten können, unbedingt zur Geltung bringen muss. Sie will sich mutig auf ihre Seite stellen und sie begleiten, damit sie wieder in den Besitz ihrer Würde kommen und eine Rolle bei der Schaffung des Gemeinwohls spielen können" (Bischofssynode, 2018, Nr. 42, 17).

„Bei den Jugendlichen gibt es eine Unruhe, die zuerst einmal angenommen, ernst genommen und begleitet werden muss, im vollen Vertrauen auf ihre Freiheit und ihr Verantwortungsbewusstsein" (Bischofssynode, 2018, Nr. 66, 25).

„Junge Menschen treffen Entscheidungen im beruflichen, gesellschaftlichen und politischen Bereich und weitere, noch radikalere Entscheidungen, die ihrer Existenz eine endgültige Gestalt verleihen. Bei letzteren spricht man genau genommen von ‚Lebensentscheidungen': Denn in ihnen findet das Leben selbst, in seiner unwiederholbaren Einzigartigkeit, seine endgültige Ausrichtung" (Bischofssynode, 2018, Nr. 68, 26).

„In der gelebten Brüderlichkeit und Solidarität, insbesondere mit den Letzten, entdecken junge Menschen, dass wahre Freiheit aus dem Gefühl des Angenommenseins entsteht und dass sie wächst, wenn man dem Anderen mehr Raum gibt" (Bischofssynode, 2018, Nr. 74, 28).

3.6 Salesianer Don Boscos

In unterschiedlichen Perspektiven hat die Ordensgemeinschaft der Salesianer Don Boscos einen Schwerpunkt in der Förderung benachteiligter junger Menschen. Schon der Ordensgründer Don Bosco hat vor allem arme und vernachlässigte junge Menschen im Blick gehabt (Weinschenk, 1987, 91). Braido spricht von einem „unmittelbaren Interesse für Jugendliche in Problemlagen, die direkt oder indirekt in Gefahr sind'" (Braido, 1999, 145). Diese Sorge um ein möglichst gelingendes Leben junger Menschen äußert sich schon in der Zeit Don Boscos selbst im 19. Jahrhundert als zentrale Zweckbestimmung für die Häuser der salesianischen Kongregation:

„La Congregazione non si rifiuta per qualsiasi ceto di persone, ma preferisce di occuparsi del ceto medio e della classe povera, come quelli che maggiormente abbisognano di soccorso e di assistenza" (Don Bosco, 1877, 59).[21]

Die Salesianer Don Boscos haben diese Fokussierung auf junge Menschen in besonders schwierigen Lebenslagen in ihren Konstitutionen der Gesellschaft des heiligen Franz von Sales ins 21. Jahrhundert weitergeführt:

---

[21] „Die Kongregation schließt nicht irgendwelche Bevölkerungsgruppen aus, aber bevorzugt nimmt sie sich des Mittelstandes und der armen Bevölkerungsklasse an, wie derjenigen, die am meisten Hilfe und Unterstützung benötigen" (Don Bosco, 1877, 59; Übersetzung AK).

> *„In Treue zu den Aufgaben, die uns Don Bosco zugewiesen hat, sind wir Künder des Evangeliums für die Jugend, vor allem für die ärmere"* (SDB, 2003, Art. 6).

> *„Die Bedürfnisse der Jugend und des einfachen Volkes sowie der Wille, mit der Kirche und in ihrem Namen zu handeln, sind Beweggrund und Orientierung unserer pastoralen Tätigkeit"* (SDB, 2003, Art. 7).

> *„Für das Wohl der Jugend opfern wir gerne Zeit, Talente und Gesundheit"* (SDB, 2003, Art. 14).

Die aktive Sorge um das Wohl der Jugend – besonders um diejenigen in problematischen Lebenssituationen – äußert sich noch einmal explizit in der 3. Leitlinie der Deutschen Provinz als Option für die benachteiligte Jugend:

> *„Im Geiste Don Boscos, der sich vorwiegend den ärmsten und bedürftigsten Jugendlichen zugewandt hat, treffen wir in unserem Arbeiten eine besondere Option für benachteiligte junge Menschen, ohne dabei andere Zielgruppen auszuschließen. Diese Option für die benachteiligte Jugend beinhaltet auch eine entsprechende jugendpolitische Anwaltschaft für ihre Belange"* (SDB, 2009, 32).

4 Ziel: das Leben aktiv gut bewältigen

Einfach formuliert: Ziel ist es, jungen Menschen eine Perspektive zu einem „guten" Leben zu ermöglichen.

In **(sozial-)ethischer Perspektive** liegen Fassungen eines guten Lebens vor, die sich zwar begrifflich zu unterscheiden scheinen, aber doch auf einen gemeinsamen Kern verweisen:

→ Schon Aristoteles hat unter dem Glück als höchstem, sich selbst genügendem Gut „das Leben als eigenständiges Tätig-Sein" (Aristoteles, 1957 I 6, S. 31) im Sinne der ihm möglichen Tüchtigkeit verstanden (ebd., I.10, S. 36).

→ Mit Immanuel Kant lässt sich ein gelingendes Leben in der selbstgesetzgebenden Sittlichkeit verstehen, indem sich das autonome Individuum gegenüber seinen unreflektierten Neigungen absetzt und an vernünftigen, weil für alle gleichermaßen vernünftigen, Maximen orientiert. Gut allein ist hier der gute Wille.

→ Am Ausgangspunkt der neueren Sozialethik fußt das gute Leben in John Rawls Theorie der Gerechtigkeit (1975) im Kontext der Befriedigung der Grundbedürfnisse auf einem vernünftigen Lebensplan, dessen Erfüllung letztlich auch der Erfüllung der vernünftigen Lebenspläne der anderen weiterhilft. Ein Lebensplan ist dann „vernünftig", wenn er nicht nur das individuelle, vielleicht punktuelle Wollen in Rechnung stellt, sondern sich auch an der eigenen Relevanz für und mit anderen orientiert.

→ Diese Eingebundenheit des Einzelnen in ein soziales Gefüge kristallisiert sich bei Axel Honneth in positiver Hinsicht in Anerkennungsverhältnissen: „Der Grad der positiven Selbstbeziehung wächst mit jeder neuen Form von Anerkennung, die der einzelne auf sich selbst als Subjekt beziehen kann: so ist in der Erfahrung von Liebe die Chance des Selbstvertrauens, in der Erfahrung von rechtlicher Anerkennung die der Selbstachtung und in der Erfahrung von Solidarität schließlich die der Selbstschätzung angelegt" (Honneth, 1994, 277f).

→ Im Fähigkeitenansatz (Capability Approach) hat „eine staatliche Gemeinschaft [...] ein ‚gutes' Leben zum Ziel" (Nussbaum, 1999, 91) und versucht, die Entwicklung der Fähigkeiten (im aristotelischen Sinn) all ihrer Mitglieder zu ermöglichen, und damit in konkreten Tätigkeiten das Wohl für alle zu fördern (Gemeinwohl) ...

→ ... um letztlich in resonanztheoretischer Hinsicht ein gutes Leben aufgrund tragfähiger Resonanzachsen mit der Natur, in sozialen Zusammenhängen und zu Transzendentem zu ermöglichen (Rosa, 2016, 20).

Aktiv tätig sein, selbstbestimmt Fähigkeiten für konkrete Tätigkeiten einsetzen, die eigene Relevanz für andere beachten, in stabilen Resonanzachsen Anerkennung finden ... – im Sinne einer normativen Rekonstruktion (Honneth, 2013, 20ff) finden sich solche (sozial-)ethischen Vorstellungen eines „guten" Lebens in der Gesellschaft auch in kollektiv bindenden Entscheidungen wieder (Politik), die sich in allgemeinen Grundrechten (Grundgesetz) und konkreten subjektiven Rechtsansprüchen ausdrücken (Recht). Insbesondere in den Sozialgesetzbüchern finden sich leitende Vorstellungen, woraufhin mit öffentlichen, staatlichen Institutionen geholfen werden soll, wenn die Vorstellungen eines „guten" Lebens gefährdet sind.

→ Leitend für alles staatliche Handeln ist das Prinzip der freien Entfaltung der Persönlichkeit, das seine Grenze nur in der Freiheit anderer, der verfassungsmäßigen Ordnung und/oder der Sittlichkeit findet (Art. 2.1 GG). Die Grundrechte sollen hinsichtlich eines guten Lebens jedem Individuum freie Entfaltungsmöglichkeiten in Bezug auf Religion, Meinung, Freizügigkeit, Gewissen, Gleichstellung etc. garantieren.

→ Die freie Entfaltung der Persönlichkeit ist in den Grenzen der Sittlichkeit oder der Freiheit anderer nicht nur erlaubt, sondern braucht zugleich Verwirklichungsmöglichkeiten (Böckenförde, 2016, 244), woraus sich ein Sozialstaatsauftrag ableitet (Art. 20 GG), der in den Sozialgesetzbüchern spezifische Leistungsbereiche differenziert.

So verweisen die **sozialstaatlichen Vorstellungen eines „guten" Lebens** in den Sozialgesetzbüchern z.B. auf:

→ ein Leben gemäß der **Menschenwürde** (z.B. GG, SGB I, § 1 SGB II)
→ eine entwickelte selbstbestimmte, eigenverantwortliche und gemeinschaftsfähige **Persönlichkeit** (z.B. § 1 SGB VIII)
→ **Gesundheit**: eigenverantwortliche gesunde Lebensführung und frühzeitige Beteiligung an Vorsorgemaßnahmen (z.B. § 1 SGB V)
→ die Entwicklung von umfassenden **Fähigkeiten**: z.B. als Beschäftigungsfähigkeit, um am Arbeitsleben durch entwickelte Fähigkeiten und Kenntnisse (z.B. SGB II § 9 SGB VI, § 1 SGB III) teilzuhaben; als allgemeine „Lebensfähigkeiten", um Notlagen überwinden zu können (z.B. § 11 SGB XII); als Erziehungsfähigkeiten, um eine dem Wohl der Kinder angemessene Erziehung zu gewährleisten (z.B. § 27ff SGB VIII)
→ **Arbeit**: Bestreiten des Lebensunterhalts aus eigenen Mitteln und Kräften unabhängig von Unterstützungsleistungen (z.B. § 1 Abs. 2 SGB II)
→ **Sicherung der Grundbedürfnisse** (z.B. SGB II, SGB XII)
→ **Eigenverantwortlichkeit**: Leben in starker Eigenverantwortlichkeit (z.B. § 1 SGB II, § 1 SGB VIII, § 11 SGB XII) und Fähigkeiten zur Hilfe zur Selbsthilfe (z.B. § 1 SGB I, § 11 SGB XII)
→ **Teilhabe** als „aktive Teilnahme am Leben in der Gemeinschaft" (§ 11 SGB XII)
→ gesellschaftliches **Engagement**, in dem sich die individuellen Fähigkeiten in der sozialen Verbundenheit auch für die Gemeinschaft in konkreten Tätigkeiten einsetzen lassen (z.B. § 1 SGB VIII, § 11 SGB VIII, § 11 SGB XII)
→ **Solidarität** innerhalb einer (staatlichen) Gemeinschaft und damit verbunden der Zusammenschluss zu einer Sozialversicherungsgemeinschaft (z.B. SGB IV)
→ **positive Lebensbedingungen** und eine **kinder- und familienfreundliche Umwelt** (§ 1 Abs. 3 Satz 5 SGB VIII)

Insbesondere im Jugend- und jungen Erwachsenenalter haben junge Menschen spezifische Kernherausforderungen zu bewältigen – im Besonderen die schwer erreichbaren jungen Menschen. Wie der 16. Kinder- und Jugendbericht zuletzt aufgezeigt hat, geht es gerade in der Phase zwischen 15 bis 25 Lebensjahren um „Qualifizierung, Selbstpositionierung und Verselbstständigung als Kernherausforderungen des Jugendalters. Das Jugendalter wird gegenwärtig so stark wie nie zuvor durch den Besuch von Bildungsinstitutionen geprägt. Andere gesellschaftliche Erwartungen an junge Menschen treten im Vergleich zum Erwerb von Qualifikationen und Zertifikaten deutlich in den Hintergrund. Jugend ist aber mehr als eine Phase der Qualifizierung, sie ist auch eine Zeit der Selbstpositionierung und Verselbstständigung. Daher stellt sich die Frage, wie die Kernherausforderungen der Qualifizierung, der Selbstpositionierung und der Verselbstständigung im Alltagsleben junger Menschen bewältigt, gestaltet und in ein konstruktives Verhältnis gebracht werden können. Dies setzt voraus, ebenfalls neu zu klären, wie Jugend im institutionellen Gefüge des Aufwachsens ermöglicht wird" (BMFSJS, 2018, 70).

Abb.: Kernherausforderungen des Jugendalters
Quelle: BMFSFJ, 2017, 97. Grafik angepasst.

„Arbeit" kann so in (sozial-)ethischer, sozialstaatlicher und jugendsozialisatorischer Hinsicht als „eine fundamentale Dimension menschlicher Existenz" (Johannes Paul II, 1981, Enzyklika Laborem Ecerzenses, Nr. 4) verstanden werden. Schwer erreichbare junge Menschen brauchen aber aufgrund ihrer besonders problematischen Lebenssituationen besondere Hilfe, um überhaupt erst notwendige Qualifikationen zu erwerben oder überhaupt den Zugang zu Förderstrukturen einzuschlagen. Aufgrund häufiger Diskontinuitäten im Lebenslauf, geringer Qualifikationen und belasteter Problemlagen in den Herkunftsfamilien geht es gerade nicht nur um ein einmaliges In-Arbeit-bringen, sondern um eine positive Selbstpositionierung, eine annehmende Einstellung der Arbeit, dem aktiven Tätig-Sein gegenüber. In salutogener Hinsicht trägt eine solche positive Selbstpositionierung der eigenen Qualifizierung gegenüber zu einem positiven Kohärenzsinn bei. „Diese Mischung aus dem Gefühl der Verstehbarkeit, Bewältigbarkeit und Sinnhaftigkeit haben im salutogenen Modell und – so ist hinzuzufügen – unter den Bedingungen einer modern-individualistischen Gesellschaft eine Schlüsselstellung bei der Bewältigung schwieriger Lebenssituationen inne" (Höfer/Straus, 1997, 301). Gerade für schwer erreichbare junge Menschen geht es dann um eine förderliche Begleitung, die es ermöglicht, die eigenen Fähigkeiten zur Qualifizierung, Selbstpositionierung und Verselbständigung im Sinne einer Lebenskunst (Salomon, 2004, 304) positiv zu entwickeln.

Analog zum Fähigkeitenansatz (Capability Approach) zielt auch die sozialstaatliche Vorstellung (Sozialgesetzgebung) eines „guten" Lebens auf die Entwicklung von Fähigkeiten und damit verbunden die individuellen und sozialen Verwirklichungsmöglichkeiten. Diese Perspektive aber war und ist der Arbeit der **Salesianer Don Boscos** immer schon zu eigen. „Im wesentlichen wollte Don Bosco den jungen Menschen zu einer eigenverantwortlichen Lebensbewältigung befähigen" (Weinschenk, 1987, 64)[22]. „Hilfe zur Lebensbewältigung" (Böhnisch, 2008, 37) im Hinblick auf ein „gelingen-

---

[22] „Erziehung ist daher darauf gerichtet, jungen Menschen in einem pädagogischen Lebensraum Voraussetzungen zu schaffen, in welchem sie ihre Anlagen und Fähigkeiten entfalten können, um fähig zu werden, als Erwachsene das Leben der Menschen und der Gesellschaft mitzutragen und mitzugestalten. [...] Dabei müssen Ziele und Überlegungen entwickelt werden, die das Leben sinnvoll und die Zukunft wünschenswert machen" (Weinschenk, 1987, 62).

deres Leben" (Thiersch, 2020, 113f) – damit lässt sich die Arbeit der Salesianer Don Boscos als eine Traditionslinie von Sozialer Arbeit verstehen[23].

"Scopo generale delle Case della Congregazione è soccorrere, beneficare il prossimo, specialmente coll`educazione della gioventù allevandola nelle scienze e nelle arti, ed avviandola alla practica della Religione e della virtù" (Don Bosco, 1877, 59)[24].

"Per lavoro s`intende l`adempimento dei doveri del proprio stato, sia di studio, sia di arte o mestiere" (Don Bosco, 1877, 68)[25].

Die Salesianer Don Boscos wollen „zum Heil der Jugend" (SDB, 2003,1., S. 3) individuelle, soziale und strukturelle Lebensräume ermöglichen, in denen junge Menschen ihre Fähigkeiten für ein eigenverantwortliches Leben in Gemeinschaft entwickeln können. Diese Aufgabe ist für uns zentral, insbesondere die Hilfe und Befähigung von besonders benachteiligten bzw. beeinträchtigten jungen Menschen: „Die Bedürfnisse der Jugend und des einfachen Volkes sowie der Wille, mit der Kirche und in ihrem Namen zu handeln, sind Beweggrund und Orientierung unserer pastoralen Tätigkeit für das Kommen einer in Christus gerechteren und brüderlicheren Welt" (SDB, 2003, 7., S. 3).

---

[23] „Wir können nun das Paradigma der Lebensbewältigung/sozialen Integration als sozialpädagogische Grundkonstellation zusammenfassend wie folgt skizzieren: Sozialpädagogische Problemkontexte sind von den Klienten und Adressaten her dadurch typisch gekennzeichnet, dass Menschen unterschiedlicher Lebensalter versuchen, in biografischen Krisensituationen durchzukommen und dabei in die prekäre Spannung von Suche nach eigener Handlungsfähigkeit und sozialer Integration geraten. Die eigene Handlungsfähigkeit kann dabei auch durch sozial desintegratives Verhalten wiederhergestellt sein. Sozialpädagogik und Sozialarbeit haben also Hilfen dort zu leisten, wo biografische Handlungsfähigkeit und soziale Integration so bedroht sind, dass sie nicht mehr von den Betroffenen allein wieder hergestellt und ausbalanciert werden können" (Böhnisch, 2008, 37).

[24] „Der allgemeine Zweck der Häuser der Kongregation ist es, anderen zu helfen, dem Nächsten Gutes zu tun, insbesondere bei der Erziehung der Jugend sie in den Wissenschaften und Künsten zu unterweisen und sie in der Religion und Tugend anzuleiten" [Übersetzung A.K.].

[25] „Mit der Arbeit meine ich die Erfüllung der Pflichten gegenüber dem eigenen Zustand, sowohl der Studien wie auch der Kunst oder des Berufs" [Übersetzung A.K.].

Unser Ziel
Insofern ist es in unserer Arbeit mit schwer erreichbaren jungen Menschen im Kontext unterschiedlicher Handlungsaufforderungen und der besonders problematischen Lebenssituationen dieser jungen Menschen unser Ziel[26],

→ für eine existenzielle Daseinssicherung (Aufenthalt, Essen, Trinken, Wohnen) zu sorgen;

→ zu Lebensmut, Freude und Heiterkeit anzuregen[27];

→ Lebens- und Entwicklungsräume zu ermöglichen, um individuelle Beeinträchtigungen und soziale Benachteiligungen auszugleichen;

→ die Entwicklung einer sinnstiftenden und tragfähigen Lebensperspektive zu begleiten;

→ individuelle Fähigkeiten und Kompetenzen zur Integration in soziale Zusammenhänge (Familie, Bildung, Arbeit) zu fördern;

→ Einsicht in die Verantwortung für das eigene Leben in Gemeinschaft mit anderen zu vermitteln;

→ Die berufliche Integration in den Arbeitsmarkt zu fördern, um ein aktives Tätig-Sein ohne Abhängigkeit von Transferzahlungen zu ermöglichen;

→ im Gesamten ein „gutes" Leben im Rahmen der Menschenwürde zu ermöglichen[28].

---

[26] Vgl. als Ziele in der niedrigschwelligen Arbeit mit jungen „Systemsprengern": „die existenzielle Absicherung der Lebensbedingungen der Jugendlichen, die Erfahrung eines selbst bestimmten Lebens, das Anstoßen von Selbstklärungsprozessen und die Entwicklung einer Zukunftsperspektive, den Umgang mit Behörden lernen, Hilfeplanfähig werden" (Stallmann/Vust, 2014, 144).

[27] „Das fröhliche Herz allein ist fähig, Wohlgefallen am Guten zu empfinden" (Kant, 1977, A 110f).

[28] Diese integrale Perspektive findet sich auch in den Hinweisen zur Erfolgsmessung im Bundesprogramm RESPEKT: Menschenwürde, Eigenverantwortlichkeit, Hilfe zur Selbsthilfe, Integration in den Arbeitsmarkt (BMAS, 2018, 105).

5 „Präsenz": Kern der Erreichbarkeit

Um junge Menschen in ihrer schweren Erreichbarkeit zu erreichen, orientieren wir unser Handeln im Sinne Don Boscos am *Leitprinzip einer wohlwollenden Präsenz:* in unserem Da-Sein in wohlwollender Präsenz das aktiv befördern, was den jungen Menschen für ihr Wohl zuträglich ist. Damit ist eine aktive, wohlwollende, tuende, animierende, fördernde, ermutigende, begleitende, aber auch notwendige Grenzen aufzeigende Präsenz der Mitarbeiter*innen, Angebote und Einrichtungen angestrebt. Präsent-Sein bedeutet für uns:

→ Kontaktmöglichkeiten zu jungen Menschen eröffnen

→ aufmerksam sein, was die Bedürfnisse und Ressourcen der jungen Menschen sind

→ im Bedarfsfall auf angemessen Weise unterstützen

→ die Bereitschaft, Zeit mit ihnen zu teilen

→ Geduld für ihre individuellen Such- und Entwicklungsprozesse

→ den Willen, sie auf einen gelingenden Weg in ihre soziale und berufliche Integration zu begleiten

Die jungen Menschen sind in ihrer schweren Erreichbarkeit, wie sie sind. In diesem Respekt vor der Eigensinnigkeit ihres bisherigen Lebensentwurfs (Thiersch/Grunwald/Kongeter, 2012) wollen wir aber mit unseren Angeboten präsent sein für ihr jetziges Sein und ihren künftigen Lebensentwurf. „Begleitung, um richtige, solide und gut fundierte Entscheidungen treffen zu können, ist daher ein Dienst, der weithin als notwendig erachtet wird. Präsent zu sein und auf dem Weg zu authentischen Entscheidungen unterstützend und begleitend da zu sein" (Bischofssynode, 2018, Nr. 91, 33) – dafür wollen wir mit Blick auf ein „gutes" Leben Sorge tragen. Unsere Maßnahmen für schwer erreichbare junge Menschen brauchen dazu einen sicheren Kern der Erreichbarkeit – *eben Präsenz!* In wohlwollender Präsenz machen wir uns erreichbar und begleiten in unserer Beziehungsarbeit junge Menschen, einen kontinuierlichen und nachhaltigen Weg zu einem selbstständigen und gemeinschaftsfähigem Leben zu beschreiten. Dabei orientieren wir uns an den methodischen Erkenntnissen (s.o.):

→ Erreichbarkeit durch Niedrigschwelligkeit erzeugen

→ Individualisierung der je besonderen Problemlagen

→ ressourcenorientierte Perspektiven einnehmen

→ Beziehungen personell und organisationell gestalten: Vertrauen aufbauen

→ schwere Erreichbarkeit braucht freiwillige Handlungsfähigkeit

→ differenzierte Begleitung zur Entwicklung eines individuell vernünftigen „Lebensplanes"

→ Langfristigkeit: trotz Scheitern oder zwischenzeitlichem Abbruch Beziehung kontinuierlich ermöglichen

→ wirksame Unterstützung bzw. Hilfen brauchen gutes Personal

→ Rechtskreise, Angebote und Leistungen vernetzen

> „In diesem Verständnis steht die Pädagogik der Vorsorge wie bei Don Bosco ‚im Dienst der einen großen Aufgabe: die Höhe und Würde des sittlich Handelnden sich immer von neuem bewähren zu lassen'. Sie will keine ängstliche Absperrung von den Möglichkeiten des Abgleitens und des Strauchelns, vielmehr will sie die klare Sicht der Gefahr, damit sie in der konkreten Situation nicht übersehen und verkannt wird. Gefahren und Versuchungen kann niemand auf Dauer fernhalten und ausschalten. Sie müssen kommen, damit der junge Mensch sich erproben und bewähren kann. Er muß also auch gelernt haben, gute und schlechte Beispiele zu erkennen und an den einzelnen Handlungen zu unterscheiden. Damit ist auch der Umgang nicht mehr gleichgültig. Da Strafen selten das Verhalten von Kindern und noch weniger von Jugendlichen verbessern, sondern eher das Verhältnis zum Erzieher belasten, will eine präventive Erziehung nicht strafen. Die Vorsorge darf jedoch nie einseitig werden. Sie muß stets in der Mitsorge um das Rechte das schon Erreichte mit dem Gewünschten in Relation setzen. Echte Vorsorge verbindet den Erzieher mit dem ihm Anvertrauten. Vorsorge ist eine dialogische Aufgabe, die durch ihre Gegenseitigkeit Hilfe zur Selbsthilfe wird" (Weinschenk, 1987, 60).

5.1 Wohlwollende Präsenz als Leitprinzip

Don Bosco „ging es darum, dass die Erzieher durch ihre interessierte Anwesenheit und ihr aktives Mittun in der Freizeit, in Schule und Ausbildung dafür aufmerksam sein sollen, was die Jugendlichen für ihre Entwicklung brauchen. Assistenz im Sinne Don Boscos meint primär, den jungen Menschen auf ihrem Reifungsweg unterstützend, aber nicht einengend beizustehen. Don Boscos präventive Pädagogik hat in erster Linie die Aufgabe des Förderns und des wohlwollenden Begleitens. Zugleich soll sie im Sinne einer Schutzfunktion möglichem Schaden vorbeugen, den die jungen Menschen sich selbst oder anderen zufügen könnten" (Gesing, Reinhard in: Don Bosco, 2013, 22 Anmerkung 7).

Diese pädagogische Idee Don Boscos ist unterschiedlich beschrieben worden. Etwa Braido spricht von einer „Pädagogik der Anwesenheit" (Braido, 1999, 184; in dt. Übersetzung), Weinschenk vom Präventivsystem Don Boscos als einer „Pädagogik der Vorsorge" (Weinschenk, 1987, 54) oder Gesing von einer „Pädagogik der Beziehung" (Gesing, 2009b, 37). Wir stellen diese Grundgedanken hier bewusst unter das *Leitprinzip einer wohlwollenden Präsenz:* in unserem Da-Sein in wohlwollender Präsenz das aktiv befördern, was den jungen Menschen für ihr Wohl zuträglich ist. Die Formulierung lässt Raum für unterschiedliche Arten von Präsenz (mit-tuende Aktivität, bewusste Aufmerksamkeit, Institutionalität etc.) und ermöglicht Anschlussstellen zu aktuellen Diskursen. Zudem wird er eben der Kritik Don Boscos an einer eher passiven Anwesenheit gerechter: den Alltag junger Menschen in Beziehung aktiv mit-gestalten, damit das Leben junger Menschen gelingt.

Mit **Präsenz** ist ein Vielfaches gemeint, was schon bei Don Bosco im Begriff der Assistenz sichtbar wird.

Grundlegend lässt sich mit Präsenz eine *bewusste Aufmerksamkeit* für die Anliegen junger Menschen verbinden. Im Rombrief – die „Magna Charta" der pädagogischen Idee Don Boscos (Gesing, 2009) – wird das besonders deutlich, wenn sich Don Bosco Gedanken darüber macht, dass die Assistenten die Freizeit beaufsichtigen, „ohne den Jugendlichen auch nur einen Gedanken zu widmen" (Don Bosco, 2009, 21, Z. 137f). Der Hinweis ist deshalb wichtig, weil sich die pädagogische Präsenz nur als bewusste Aufmerksamkeit voll entfalten kann. Wir finden diese Gerichtetheit des

„wachen Bewusstseins" (Husserl, 1976, [50]) analog im Begriff der Intentionalität in der Phänomenologie von Edmund Husserl. Präsenz meint dann in einem pädagogisch gewendeten Sinn die „Zuwendung von Aufmerksamkeit" (Husserl, 1976, [49]): Das innere Richten unserer Aufmerksamkeit auf die Probleme und Ressourcen junger Menschen, auf ihre inneren Bedürfnisse und aktuellen Anliegen. Aber auch die Aufmerksamkeit auf unsere eigene Bereitschaft und unsere Möglichkeiten, aktiv Leben zu gestalten helfen – in der Freizeit, beim gemeinsamen Spiel, beim Essen, beim Lernen, in der Schule, in der Ausbildung und allen anderen alltäglichen Bewältigungsaufgaben. Und ganz wie Don Bosco im Rombrief schreibt, dass es das Wichtigste ist, „dass die Jugendlichen nicht nur geliebt werden, sondern dass sie auch selbst erkennen, dass man sie liebt" (Don Bosco, 2009, 20, Z. 115f), ist es das Beste in der Arbeit mit jungen Menschen, dass sie unsere Zuwendung von Aufmerksamkeit selbst erkennen können. „Anwesenheit ist eine Botschaft: Ich bin da, ich bin in deinem Alltag, in deinem Leben" (Pantucek-Eisenbacher, 2019, 78).

Eine förderliche Präsenz im Leben junger Menschen braucht neben der bewussten Aufmerksamkeit für die Anliegen junger Menschen aber eine *aktive Präsenz:* als Mit-tun, als Gestalten, als personales Ein-Bringen. Wie aus den Erfahrungen Don Boscos im Rombrief aus dem Jahr 1884 deutlich wird, kann ein Beziehungsaufbau zu jungen Menschen dann gelingen, wenn sich die betreuenden Personen selbst einbringen, wenn sie an Unternehmungen teilnehmen, in Gespräche gehen, spielen, zum Werken anleiten oder erzählen – wenn sie die „Seele der Freizeit" (Don Bosco, 2009, 21, Z. 134f) sind und von hier aus förderlich auf das Gelingen von Schule, Ausbildung oder Familie einwirken. Da-Sein in einem ganzheitlichen Sinn als aktives Da-Sein als Person.

Diese aktive Form der Präsenz läuft analog zum aktuellen Konzept der *Wachsamen Sorge* von Haim Omer (Omer, 2015; Omer/Schlippe, 2016) wie auch dem Konzept einer *Pädagogik der Präsenz* (Lemme/Körner, 2018). Darin zeigt sich die ungebrochene Aktualität der pädagogischen Grundhaltung Don Boscos: weniger aus Distanz heraus eine Veränderung des Verhaltens von anderen erwünschen oder nur einfordern, als vielmehr in eigener Aufmerksamkeit und Aktivität den Erziehungskontext so zu gestalten, dass förderliche Entwicklungen bei den jungen Menschen möglich sind. „Im Kern bedeutet dies, dass die Haltung, die Präsenz, mit der der Erziehungsverantwortliche tätig wird, letztlich darüber entscheidet, wie eine bessere Kooperation wieder möglich wird. Das Handeln fokussiert sich dementsprechend fast vollständig auf Selbstkontrolle und wenig bis gar nicht auf eine Methodik, die eine Veränderung beim anderen durch das Einwirken auf diesen erreichen will" (Lemme/Körner, 2018, 92). Im Ganzen zielt so Präsenz auf methodische Selbstkontrolle[29]: Wie bin ich mir meiner eigenen Aufmerksamkeit für die Anliegen der jungen Menschen bewusst? Was kann ich aktiv tun? Wie bringe ich mich ein? [30]

Präsenz meint für uns allerdings auch, dorthin zu gehen und Angebotsstrukturen zu entwickeln und zu gestalten, wo junge Menschen Hilfe brauchen – also ganz im Sinne einer lebensweltorientierten Sozialen Arbeit „besondere Formen der Präsenz und Erreichbarkeit der Sozialen Arbeit im alltäglichen Lebensraum der Adressat*innen" (Thiersch, 2020, 119) zu ermöglichen. Kontinuierliche personale Präsenz braucht die *institutionelle Präsenz* von Einrichtungen, Häusern und Angeboten – eben ein aktives Da-Sein vor Ort, um zu einem gelingenderen Leben junger Menschen beitragen zu können. Professionelles Arbeiten mit und für junge Menschen bedeutet für uns so die Präsenz auf unterschiedlichen Ebenen: des personalen Da-Seins in Angeboten, im Alltag junger Menschen wie auch den sozialräumlichen Strukturen, der bewussten Aufmerksamkeit für die Probleme und Ressourcen der jungen Menschen wie auch für die eigenen Gestaltungs- und Handlungsmöglichkeiten als professionell Handelnde, des wachen Bewusstseins für eine förderliche Präsenz-Kultur im Geiste Don Boscos in unseren Einrichtungen.

Präsenz korreliert für uns dabei grundlegend mit einer *wohlwollenden Haltung*. Gerade Don Bosco selbst hat immer wieder auf die **Liebe** verwiesen. Wie er schon in seiner Abhandlung über ‚Das Präventivsystem in der Erziehung der Jugend' aus dem Jahr 1877 anmerkt, gründet sich seine damalige Vorstellung einer gelingenden vorbeugenden – eben präventiven – Erziehung „ganz auf die Vernunft, die Religion und die Liebenswürdigkeit" (Don Bosco, 2013, S. 14, Z. 13f). Die Liebe als Liebenswürdigkeit hat Don Bosco auch im besagten Rombrief aus dem Jahr 1884 noch einmal

---

[29] Vgl. hierzu aus hermeneutischer Perspektive Gadamer, 1986, 273f.: „Ein mit methodischem Bewußtsein geführtes Verstehen wird bestrebt sein müssen, seine Antizipationen nicht einfach zu vollziehen, sondern sie selber bewußt zu machen, um sie zu kontrollieren und dadurch von den Sachen her das rechte Verständnis zu gewinnen".

[30] Zur Fokussierung der Aufmerksamkeit vgl. insbesondere die methodischen Überlegungen zur Gewaltfreien Kommunikation Rosenberg, 2010.

als das Wichtigste in der Erziehung junger Menschen hervorgehoben und der salesianischen Tätigkeit als zentrales Motiv eingeschrieben: „Mit der Liebe!" (Don Bosco, 2009, S. 22, Z.99). Diese Liebenswürdigkeit zeigt sich für Don Bosco vor allem in der „Familiarität den Jugendlichen gegenüber, besonders in der Freizeit! Ohne Familiarität lässt sich Liebe nicht zeigen, und ohne das Zeigen der Liebe gibt es kein Vertrauen. Wer geliebt werden will, muss zu erkennen geben, dass er selbst liebt. [...] Wer weiß, dass er geliebt wird, der liebt auch selber; und wer liebt, der erreicht alles, besonders bei den Jugendlichen" (Don Bosco, 2009, S. 22, Z. 181f)[31]. In diesem Sinne wollen wir in unserer Präsenz „die Sprache des Herzens sprechen" (Don Bosco, 2013, S. 15, Z. 77)[32]. Insbesondere die Enzyklika ‚Deus Caritas Est' hat das Motiv der Liebenswürdigkeit in der caritativen Arbeit mit Menschen ausdrücklich bekräftigt: „Es geht ja um Menschen, und Menschen brauchen immer mehr als eine bloß technisch richtige Behandlung. Sie brauchen Menschlichkeit. Sie brauchen die Zuwendung des Herzens" (Papst Benedikt XVI., 2005, Nr. 31).

Auch wenn es im Kontext von Missbrauchsskandalen und Selbstbestimmungsdiskursen schwieriger geworden ist, von der Liebe zu sprechen, taucht das Motiv der Liebenswürdigkeit in unterschiedlichen, allesamt relevanten Diskursen als zentrales Haltungs- und Gestaltungsmotiv auf:

---

[31] „Eben als die duftigste Blüte der christlichen Liebe ist die Demut die christliche Tugend katexochen, und in ihrer reinsten Prägung ist sie nur der zarte Schattenriß, den die Bewegung der heiligen, gottbezogenen Liebe auf die Seele zurückwirft. Und das ist allein diese Liebe zur Welt und Gott und den Dingen aus Gott heraus, und ‚die Liebe in Gott' (das ‚amare Deum et mundum in Deo' der Scholastiker), diese schöne Selbsterniedrigung, die den angeborenen Star unseres Geistes sticht und das volle Licht aller nur möglichen Werte in uns hereinfluten macht" (Scheler, 1955, 21).

[32] Vgl. zur professionellen „Herzensbildung" Gesing, 2009. Vgl. aus psychoanalytischer Perspektive: „Die Sprache des Herzens kommt aus den tiefen Bedürfnissen nach Liebe und Wärme, die man sowohl geben als auch empfangen möchte. Unsere Zivilisation aber hat uns ängstlich gemacht und versetzt uns in Scham, wenn wir uns verwundbar fühlen. Die Sprache der ‚Realität' verspricht uns Erleichterung von der ‚Last' unserer Bedürfnisse, was uns bereit macht, unseren eigenen Wahrnehmungen nicht mehr zu trauen. Daher ist unsere einzige Rettung die Sprache des Herzens. Die Spaltung muss überwunden werden, indem man sich nicht der Logik einer vorgeblichen ‚Realität' anschließt, sondern auf der eigenen Fähigkeit zum Mitgefühl, zum Erleben von Leid und Freude insistiert" (Gruen, 1987, 13).

- in systemistischer Sozialarbeitsperspektive: *„Auf eine Kurzformel gebracht, geht es in der Sozialen Arbeit als System- und Handlungstheorie um die komplexe Verknüpfung von Liebe, Macht und Erkenntnis – eine Kombination, die an die Person der Sozialtätigen hohe Anforderungen stellt. Dass sie nicht unerfüllbar sind, zeigen historische, theoretische wie praktische Vorbilder"* (Staub-Bernasconi, 1995, 137).

- in sozialpädagogischer Perspektive der Lebensweltorientierung: *„Liebe meint die unbedingte Anerkennung des anderen in seinem So-Sein. [...] Wenn ich hier trotzdem am Begriff Liebe für die unbedingte Anerkennung des anderen festhalte, so hat das seinen Grund darin, dass er in der pädagogischen Tradition als bestimmendes Merkmal pädagogischer Beziehungen im Zusammenhang von Gefühl, Erkenntnis und Engagement ebenso selbstverständlich ist wie in der Alltagssprache. ‚Sie hat mich lieb und ich sie auch!', war die für mich beeindruckende Feststellung eines Kinderdorfjungen, der damit eine lästige Fragerei nach der Qualität seiner Beziehung zur Kinderdorfmutter energisch beendete"* (Thiersch, 2020, 151).

- als Fähigkeit im Capability Approach: *„Die Fähigkeit, Bindungen zu Dingen und Personen außerhalb unserer selbst aufzubauen; die Fähigkeit, auf Liebe und Sorge mit Zuneigung zu reagieren und auf die Abwesenheit dieser Wesen mit Trauer; ganz allgemein zu lieben, zu trauern, Sehnsucht, Dankbarkeit und berechtigten Zorn zu fühlen. Die Fähigkeit, an der eigenen emotionalen Entwicklung nicht durch Furcht und Ängste gehindert zu werden. (Diese Fähigkeit zu unterstützen heißt auch, jene Arten der menschlichen Gemeinschaft zu fördern, die erwiesenermaßen für diese Entwicklung entscheidend sind.)"* (Nussbaum, 2010, 112-114)

- als Sprache des Lebens bzw. Herzens in der Gewaltfreien Kommunikation: *„Wir entdecken das Potential unseres Einfühlungsvermögens, wenn wir uns auf die Klärung von Beobachtung, Gefühl und Bedürfnis konzentrieren, statt zu diagnostizieren und zu beurteilen. Dadurch, daß die GFK die Betonung auf intensives Zuhören nach innen und nach außen legt, fördert sie Wertschätzung, Aufmerksamkeit und Einfühlung und erzeugt auf beiden Seiten den Wunsch, von Herzen zu geben"* (Rosenberg, 2010, 23).

Abb.: Leitsätze der salesianischen Assistenz

UNSERE LEITSÄTZE
Damit das Leben junger Menschen gelingt

Schön, dass DU da bist!	… als Lebenszusage und Grundvoraussetzung für alle weiteren Entwicklungsschritte – VOR aller Leistung, trotz aller „Macken".
Die, die da sind, sind die Richtigen!	… wir wählen und sortieren nicht, vergeuden unsere Zeit nicht mit „könnte, müsste, sollte", sondern gehen mutig an der Seite des jungen Menschen, der vor uns steht.
Vor Gott gibt es keine hoffnungslosen Fälle!	… weil es bei Gott keine „Fälle und Klienten" gibt, daran halten wir uns – und die Hoffnung „stirbt nicht zuletzt", sondern gar nicht.
In jedem ist ein Punkt, wo er für das Gute empfänglich ist! (Don Bosco)	… den gilt es zu suchen, aufmerksam, wertschätzend, mit langem Atem.
Das individuell BESTE suchen und geben!	… das Beste ist nicht das Teuerste, aber das Wertvollste, das Beste für den einen kann für den anderen unpassend sein, das Beste lockt das Beste hervor.
Liebe und Kompetenz als Kern unserer Arbeit!	… in dieser Reihenfolge, WIR sind/ICH bin von Kopf bis Fuß die wichtigste „Methode".
Nicht Not verwalten, sondern Not verwandeln!	… vor aller Dokumentation steht der Mensch – Inhalt vor Verwaltung.
Jeder hat das Recht auf einen neuen Anfang!	… ich auch und wir miteinander.
Den Himmel offen halten!	… das ist unser Dienst, damit das Leben junger Menschen gelingt.
Im Dienst am Leben und so im Dienste Gottes ist nichts gering! (M. Magdalena Postel)	… ich bin auf dem Weg von einem Job, der mir Spaß macht, hin zu einem Dienst, der mich mit Freude erfüllt.

Vgl. Don Bosco Zentrum Berlin (2012): Manege gGmbH – Unser Leitbild; Don Bosco Haus Chemnitz (2019).

„Liebe meint die unbedingte Anerkennung des anderen in seinem So-sein", hat Hans Thiersch aus lebensweltorientierter Perspektive formuliert (Thiersch, 2020, 151)[33]. Wir können aber mit Robert Spaemann die Liebe als Grundhaltung noch ein wenig weiter denken: Liebe nicht nur als Anerkennung des anderen in seinem So-Sein, sondern darüber hinaus sein Wohl zu wollen – als ‚amor benevolentiae'. „Achtung, die der Person – dem auf das Erwachen der Vernunft hingeordneten Leben – entgegengebracht wird, ist unbedingte Zustimmung. Unbedingte Zustimmung zu einem Seienden, das von der Art des Ausseins-auf ist, zu einem Seienden also, dem es immer um etwas und zuerst um sein eigenes Sein geht, ist Zustimmung zu diesem Aussein-auf. Man kann aber einer Tendenz nicht zustimmen, ohne in dieselbe Richtung zu tendieren, auf dasselbe auszusein. Aussein auf das, was für den Anderen das Zuträgliche ist, also das, was dessen eigenes Aussein-auf erfüllt, nennen wir Wohlwollen. Wir können auch von Liebe sprechen" (Spaemann, 1989, 129). Die Fokussierung der Liebe als Wohlwollen – als Aussein auf das, was für den anderen zuträglich ist – finden wir zudem als ein oberstes Prinzip in den berufsethischen Auseinandersetzungen des Deutschen Berufsverbandes für Soziale Arbeit (DBSH, 2014, 27).

5.2 Rechtliche Grundlagen

Die rechtlichen und damit auch Finanzierungs-Grundlagen für Maßnahmen zur Förderung schwer erreichbarer junger Menschen lassen sich leider nicht eindeutig einem Rechtskreis im Sozialgesetzbuch zuordnen. Maßgeblich relevant sind das SGB II (Grundsicherung für Arbeitsuchende) und das SGB VIII (Kinder- und Jugendhilfe), weiterhin allerdings auch das SGB III (Arbeitsförderung) und in einem nachgeordneten Sinn das SGB XII (Sozialhilfe). Maßnahmen werden jeweils in Absprachen mit den jeweilig zuständigen Trägern geplant, entwickelt und geleistet. Auf eine Kooperation der Rechtskreise sollte unbedingt hingewirkt werden.

---

[33] Zum wichtigen, aber durchaus auch schwierigen Verhältnis von Liebe und professioneller Sozialer Arbeit lesenswert Thiersch, 2020, 150ff.

SGB XII

Ziele:
Ermöglichung eines menschenwürdigen Lebens; Befähigung zu einem möglichst selbständigen Lebensunterhalt; nachrangig gegenüber anderen Leistungen; keine Leistungen zum Lebensunterhalt für prinzipiell Erwerbsfähige

Leistungen:
Hilfen zur Gesundheit (z.B. Vorsorge, Schwangerschaft); Hilfen zur Überwindung besonderer sozialer Schwierigkeiten

SGB VIII

Ziele:
Förderung der Entwicklung zu einer selbstbestimmten, eigenverantwortlichen und gemeinschaftsfähigen Persönlichkeit; ganzheitlicher Ansatz

Leistungen:
Jugendarbeit; Jugendsozialarbeit; Hilfen für junge Volljährige; Nachbetreuungen; Hilfen enden meist mit Erreichen der Volljährigkeit

SGB II

Ziele:
Vermeidung, Beseitigung, Verkürzung, Verminderung von Hilfebedürftigkeit Wiederherstellung der Eigenverantwortung zur Sicherung des Lebensunterhalts durch Erwerbsarbeit; Grundsatz des Förderns und Forderns; schärfere Sanktionsregeln für unter 25-Jährige

Leistungen:
Ausbildungsvermittlung (falls keine Übertragung an Agentur für Arbeit); Arbeitsvermittlung; Leistungen zur Eingliederung; Berufsorientierung und Berufsberatung ergänzend zum Beratungsangebot der Agentur für Arbeit

SGB III

Ziele:
Verbesserung der Beschäftigungsstruktur; Vermeidung der Entstehung von Arbeitslosigkeit, Verkürzung der Dauer von Arbeitslosigkeit; Förderung von sozial benachteiligten und lernbeeinträchtigten jungen Menschen

Leistungen:
Berufsorientierung; Berufsberatung; Ausbildungsvermittlung; Arbeitsvermittlung; aktive Förderung

Träger der Sozialhilfe — Jobcenter — Jugendamt — Agentur für Arbeit

Schwer erreichbare junge Menschen am Übergang Schule – Beruf
- Multiple Problemlagen
- Konfliktkonstellationen in den Herkunftsfamilien
- Diskontinuitäten im Lebenslauf
- Probleme mit der Integration in organisierte Soziallogiken

Abb. Maßgeblich relevante Rechtskreise in Bezug auf schwer erreichbare junge Menschen

5.2.1 SGB VIII: Kinder- und Jugendhilfe

Die Kinder- und Jugendhilfe ist in den rechtlichen Grundlagen des SGB VIII mit dem Kinder- und Jugendstärkungsgesetz (KJSG) 2021 maximalst auf Kinderschutz fokussiert worden. Soweit das bis hierhin absehbar ist, werden die Verfahrenslogiken hochschwelliger und formalisierter. Nicht nur für die Einrichtungen von Jugendhilfen, sondern vermutlich auch mit Auswirkungen auf die jungen Menschen hinsichtlich Anlaufstellen, Hilfeplänen, Potentialanalysen etc. Zwar gibt es explizit einen Fokus auf junge Volljährige mit den §§ 41, 41a SGB VIII hinsichtlich notwendiger Hilfen und einer Nachbetreuung, allerdings ist hier eher ein Klientel im Blick, das schon Angebote der Jugendhilfe in Anspruch genommen hat und nun über die Volljährigkeit hinaus nachbetreut werden soll. Vorrangig geht es im Kontext einer Care-Leaver-Thematik um diejenigen, welche Hilfen verlassen. Ein Fokus überhaupt auf das Erreichen schwer erreichbarer junger Menschen ist mit dem KJSG nicht gelegt. Nach wie vor kommt für Förderungen von schwer erreichbarer jungen Menschen maßgeblich der § 13 SGB VIII in Betracht:

> *„(1) Jungen Menschen, die zum Ausgleich sozialer Benachteiligungen oder zur Überwindung individueller Beeinträchtigungen in erhöhtem Maße auf Unterstützung angewiesen sind, sollen im Rahmen der Jugendhilfe sozialpädagogische Hilfen angeboten werden, die ihre schulische und berufliche Ausbildung, Eingliederung in die Arbeitswelt und ihre soziale Integration fördern.*
>
> *(2) Soweit die Ausbildung dieser jungen Menschen nicht durch Maßnahmen und Programme anderer Träger und Organisationen sichergestellt wird, können geeignete sozialpädagogisch begleitete Ausbildungs- und Beschäftigungsmaßnahmen angeboten werden, die den Fähigkeiten und dem Entwicklungsstand dieser jungen Menschen Rechnung tragen.*
>
> *(3) Jungen Menschen kann während der Teilnahme an schulischen oder beruflichen Bildungsmaßnahmen oder bei der beruflichen Eingliederung Unterkunft in sozialpädagogisch begleiteten Wohnformen angeboten werden. In diesen Fällen sollen auch der notwendige Unterhalt des jungen Menschen sichergestellt und Krankenhilfe nach Maßgabe des § 40 geleistet werden.*
>
> *(4) Die Angebote sollen mit den Maßnahmen der Schulverwaltung, der Bundesagentur für Arbeit, der Jobcenter, der Träger betrieblicher und außerbetrieblicher Ausbildung sowie der Träger von Beschäftigungsangeboten abgestimmt werden."* (§ 13 SGB VIII)

Auf folgende Sachverhalte sei hingewiesen:

→ Prinzipiell ist über den § 1 SGB VIII eine ganzheitliche Perspektive auf die Entwicklung junger Menschen zu einer (nun) selbstbestimmten, eigenverantwortlichen und gemeinschaftsfähigen Persönlichkeit gewährleistet.

- → Zentrale Akteure sind die jeweiligen Jugendämter als öffentliche Träger der Jugendhilfe.
- → Die „soll"-Bestimmung in § 13 Abs. 1. SGB VIII stellt eine objektive Verpflichtung dar, allerdings keinen subjektiven Rechtsanspruch.
- → Die „kann"-Bestimmung in § 13 Abs. 2 SGB VIII hinsichtlich konkreter Ausbildungsmaßnahmen wie auch das Angebot begleitender – in der Praxis gerade mit mit schwer erreichbaren jungen Menschen oft notwendiger – Wohnformen in § 13 Abs. 3 SGB VIII liegt allerdings „nur" im Ermessen der jeweiligen Jugendämter.
- → Angebote der beruflichen Integration über den § 13 SGB VIII sind seit Einführung des SGB II auf dem Rückzug, einen Schwerpunkt bildet vielerorts die Jugendsozialarbeit an Schulen. Welche Wirkung die Normierung des eigenständigen § 13a Schulsozialarbeit im Zuge des Kinder- und Jugendstärkungsgesetzes (KJSG) 2021 für die eigentliche Jugendsozialarbeit im weiten Sinne nach § 13 SGB VIII entfaltet, wird abzuwarten bleiben.
- → Obwohl der Begriff der explizit „jungen Menschen" in § 13 SGB VIII eine Altersspanne bis unter 27 Jahre nahelegt, enden Hilfen oft mit Erreichen der Volljährigkeit.

5.2.2 SGB II: Grundsicherung für Arbeitsuchende

Explizit auf die Förderung schwer erreichbarer junger Menschen bezogen ist der relativ neu geschaffene § 16 h SGB II. Zentrales Ziel ist, dass 15 bis 25-Jährige überhaupt erst an Leistungen der Sozialhilfe herangeführt werden – sozusagen eine Leistung vor den eigentlichen Leistungen, die vom Kern der Erreichbarkeit aus die Integration in andere Angebote der beruflichen und sozialen Integration ermöglichen soll.

> *„(1) Für Leistungsberechtigte, die das 25. Lebensjahr noch nicht vollendet haben, kann die Agentur für Arbeit Leistungen erbringen mit dem Ziel, die aufgrund der individuellen Situation der Leistungsberechtigten bestehenden Schwierigkeiten zu überwinden,*
>
> *1. eine schulische, ausbildungsbezogene oder berufliche Qualifikation abzuschließen oder anders ins Arbeitsleben einzumünden und*

2. Sozialleistungen zu beantragen oder anzunehmen.
Die Förderung umfasst zusätzliche Betreuungs- und Unterstützungsleistungen mit dem Ziel, dass Leistungen der Grundsicherung für Arbeitsuchende in Anspruch genommen werden, erforderliche therapeutische Behandlungen eingeleitet werden und an Regelangebote dieses Buches zur Aktivierung und Stabilisierung und eine frühzeitige intensive berufsorientierte Förderung herangeführt wird.

(2) Leistungen nach Absatz 1 können erbracht werden, wenn die Voraussetzungen der Leistungsberechtigung mit hinreichender Wahrscheinlichkeit vorliegen oder zu erwarten sind oder eine Leistungsberechtigung dem Grunde nach besteht. Einer Leistung nach Absatz 1 steht eine fehlende Antragstellung der leistungsberechtigten Person nicht entgegen.

(3) Über die Leistungserbringung stimmen sich die Agentur für Arbeit und der örtlich zuständige Träger der öffentlichen Jugendhilfe ab.

(4) Träger bedürfen einer Zulassung nach dem Fünften Kapitel des Dritten Buches, um Maßnahmen nach Absatz 1 durchzuführen.

(5) Zuwendungen sind nach Maßgabe der §§ 23 und 44 der Bundeshaushaltsordnung zulässig." (§ 16h SGB II)

Auf folgende Sachverhalte sei hingewiesen:

→ Mit dem § 16 h SGB II liegt ein passendes Förderinstrument exakt für die Zielgruppe der schwer erreichbaren jungen Menschen vor.

→ Für die Förderung nach § 16 h sind explizit Mittel bereit gestellt (DB, 2019, 2).

→ Zentrale Akteure sind die Jobcenter als gemeinsame Einrichtungen der Agenturen für Arbeit und der Kommunen.

→ Trotzdem steht die Hilfe nach § 16 h SGB II in einem Nachrangigkeits-Verhältnis gegenüber § 13 SGB VIII, was der Gesetzgeber in einer Begründung explizit herausgestellt hat (DB, 2016, 109). Dieser Widerspruch ist ein wenig unverständlich: Der Gesetzgeber betont in Bezug auf schwer erreichbare junge Menschen den Vorrang der Jugendhilfe, stellt aber Mittel für die Förderung eben dieser Gruppe im Rechtskreis der Grundsicherung für Arbeitsuchende zur Verfügung.

→ Die überhaupt erst einmal heranführende Logik an Sozialleistungen des § 16 h steht in einem grundlegenden Widerspruch zum Grundsatz des Forderns (§ 2 SGB II) und zur Sanktionslogik (§ 31 ff SGB II). Der Gesetzgeber hat mit dem § 16 h eine Paradoxie in die Normen- und Programmlogik des SGB II implementiert. Irritationen auf Seiten der Jobcenter können von hier aus verstanden werden.

→ Die „kann"-Bestimmung in Abs. 1 und Abs. 2 legt „nur" ein Ermessen der zuständigen Sozialleistungs-Träger (Jobcenter) nahe.

→ Bei einer Projektförderung nach Zuwendungsrecht müssen voraussichtlich Eigenmittel eingebracht werden. Allerdings besteht hier mehr Gestaltungsspielraum für den leistungserbringenden Träger. Falls möglich bzw. nötig, sollten in einer kooperativen Maßnahme Drittmittel der Jugendhilfe als Eigenmittel für die Projektförderung nach Zuwendungsrecht eingesetzt werden.

Die Intention des „Heranführens" an reguläre Leistungen zur Integration in Arbeit über den § 16 h SGB II hat der Deutsche Bundestag explizit noch einmal 2019 in einem Diskurs zu Care Leavern bekräftigt. Insofern liegt noch einmal eine eindeutige Handlungsaufforderung für die Jobcenter vor, den § 16 h umzusetzen und entsprechende Maßnahmen mit bereitgestellten Mitteln zu fördern!

„Zudem unterstützt die Bundesregierung bereits junge Menschen bis 25 Jahre, die nicht (mehr) von den Sozialleistungssystemen erreicht werden nach § 16h des Zweiten Buches Sozialgesetzbuch (SGB II). Ziel ist dabei weniger die unmittelbare Eingliederung in Ausbildung oder Arbeit als vielmehr die (erneute) Heranführung an ein Regelangebot, insbesondere an (reguläre) Leistungen zur Eingliederung in Arbeit. Entsprechend der Vereinbarung im Koalitionsvertrag soll die Gruppe dieser schwer zu erreichenden Jugendlichen in dieser Legislaturperiode im Fokus stehen und für eine Anwendung des § 16h SGB II sollen ab dem Jahr 2019 jährlich 50 Mio. Euro zur Verfügung stehen. Im Haushaltsplan des Bundes für das Jahr 2019 wurde beim Eingliederungstitel eine Erläuterung neu aufgenommen, die auf die entsprechende Vereinbarung im Koalitionsvertrag

Bezug nimmt und darauf hinweist, dass aus dem Mittelansatz des Eingliederungstitels SGB II auch die Ausgaben für Leistungen zur Förderung schwer erreichbarer Jugendlicher nach § 16h SGB II finanziert werden. Mit dem Teilhabechancengesetz wurde zudem mit Wirkung zum 1. Januar 2019 der sogenannte „20 %-Deckel" aufgehoben, mit dem die Ausgaben der Jobcenter für Maßnahmen nach §§ 16e, 16f, und 16h SGB II bislang auf 20 Prozent der Eingliederungsmittel beschränkt waren. Dadurch steht den Jobcentern faktisch sogar ein deutlich höherer finanzieller Spielraum für Maßnahmen nach § 16h SGB II zur Verfügung als die genannten 50 Mio. Euro" (DB, 2019, 2).

„Die Förderung schwer erreichbarer junger Menschen ist originäre Aufgabe der Kinder- und Jugendhilfe; Leistungen nach dem Achten Buch Sozialgesetzbuch Kinder- und Jugendhilfe (SGB VIII) sind deshalb vorrangig. Das ergibt sich eindeutig aus der Begründung zu § 16h SGB II. Mit dem Vorschlag des Bundesrates würde demgegenüber ein Vorrang der Förderung schwer zu erreichender junger Menschen nach dem SGB II hergestellt, der nicht der Intention der Bundesregierung entspricht. Mit der Einführung des neuen § 16h SGB II wird der Vorrang der Leistungen der öffentlichen Träger der Jugendhilfe nach § 13 SGB VIII nicht in Frage gestellt; Leistungen nach § 16h SGB II sind nachrangig und in der Folge nur dann zu gewähren, sofern der örtliche Träger der öffentlichen Jugendhilfe keine nach Art und Umfang gleichartigen Leistungen tatsächlich erbringt. Der Vorschlag des Bundesrates ist deshalb keine redaktionelle Folgeänderung, sondern führt zu einer Verschiebung von Aufgaben, die nicht beabsichtigt ist" (DB, 2016, 109).

5.2.3 SGB III: Arbeitsförderung

Im SGB III findet sich keine Fokussierung auf explizit schwer erreichbare junge Menschen, allerdings bestehen hinsichtlich der Maßnahmen und Intentionen einige Relevanzen, die für eine Förderung interessant sind.

Aktivierungsmaßnahmen nach § 45 SGB III:

„(1) Ausbildungssuchende, von Arbeitslosigkeit bedrohte Arbeitsuchende und Arbeitslose können bei Teilnahme an Maßnahmen gefördert werden, die ihre berufliche Eingliederung durch

1. Heranführung an den Ausbildungs- und Arbeitsmarkt,
2. Feststellung, Verringerung oder Beseitigung von Vermittlungshemmnissen,
3. Vermittlung in eine versicherungspflichtige Beschäftigung,
4. Heranführung an eine selbständige Tätigkeit oder
5. Stabilisierung einer Beschäftigungsaufnahme

unterstützen (Maßnahmen zur Aktivierung und beruflichen Eingliederung). Für die Aktivierung von Arbeitslosen, deren berufliche Eingliederung auf Grund von schwerwiegenden Vermittlungshemmnissen, insbesondere auf Grund der Dauer ihrer Arbeitslosigkeit, besonders erschwert ist, sollen Maßnahmen gefördert werden, die nach inhaltlicher Ausgestaltung und Dauer den erhöhten Stabilisierungs- und Unterstützungsbedarf der Arbeitslosen berücksichtigen. Versicherungspflichtige Beschäftigungen mit einer Arbeitszeit von mindestens 15 Stunden wöchentlich in einem anderen Mitgliedstaat der Europäischen Union oder einem anderen Vertragsstaat des Abkommens über den Europäischen Wirtschaftsraum sind den versicherungspflichtigen Beschäftigungen nach Satz 1 Nummer 3 gleichgestellt. Die Förderung umfasst die Übernahme der angemessenen Kosten für die Teilnahme, soweit dies für die berufliche Eingliederung notwendig ist. Die Förderung kann auf die Weiterleistung von Arbeitslosengeld beschränkt werden.

(2) Die Dauer der Einzel- oder Gruppenmaßnahmen muss deren Zweck und Inhalt entsprechen. Soweit Maßnahmen oder Teile von Maßnahmen nach Absatz 1 bei oder von einem Arbeitgeber durchgeführt werden, dürfen diese jeweils die Dauer von sechs Wochen nicht überschreiten. Die Vermittlung von beruflichen Kenntnissen in Maßnahmen zur Aktivierung und beruflichen Eingliederung darf die Dauer von acht Wochen nicht überschreiten. Maßnahmen des Dritten Abschnitts sind ausgeschlossen."
(§ 45 SGB III)

Berufsvorbereitende Maßnahmen nach § 51, 52, 53 SGB III:

„(1) Die Agentur für Arbeit kann förderungsberechtigte junge Menschen durch berufsvorbereitende Bildungsmaßnahmen fördern, um sie auf die Aufnahme einer Berufsausbildung vorzubereiten oder, wenn die Aufnah-

me einer Berufsausbildung wegen in ihrer Person liegender Gründe nicht möglich ist, ihnen die berufliche Eingliederung zu erleichtern.

(2) Eine berufsvorbereitende Bildungsmaßnahme ist förderungsfähig, wenn sie 1. nicht den Schulgesetzen der Länder unterliegt und 2. nach Aus- und Fortbildung sowie Berufserfahrung der Leitung und der Lehr- und Fachkräfte, nach Gestaltung des Lehrplans, nach Unterrichtsmethode und Güte der zum Einsatz vorgesehenen Lehr- und Lernmittel eine erfolgreiche berufliche Bildung erwarten lässt." (§ 51 SGB III)

„(1) Förderungsberechtigt sind junge Menschen, 1. bei denen die berufsvorbereitende Bildungsmaßnahme zur Vorbereitung auf eine Berufsausbildung oder, wenn die Aufnahme einer Berufsausbildung wegen in ihrer Person liegender Gründe nicht möglich ist, zur beruflichen Eingliederung erforderlich ist, 2. die die Vollzeitschulpflicht nach den Gesetzen der Länder erfüllt haben und 3. deren Fähigkeiten erwarten lassen, dass sie das Ziel der Maßnahme erreichen." (§ 52 SGB III)

„Förderungsberechtigte junge Menschen ohne Schulabschluss haben einen Anspruch, im Rahmen einer berufsvorbereitenden Bildungsmaßnahme auf den nachträglichen Erwerb des Hauptschulabschlusses oder eines gleichwertigen Schulabschlusses vorbereitet zu werden. Die Leistung wird nur erbracht, soweit sie nicht für den gleichen Zweck durch Dritte erbracht wird. Die Agentur für Arbeit hat darauf hinzuwirken, dass sich die für die allgemeine Schulbildung zuständigen Länder an den Kosten der Maßnahme beteiligen. Leistungen Dritter zur Aufstockung der Leistung bleiben anrechnungsfrei." (§ 53 SGB III)

Grundsätzlich besteht eine Nachrangigkeit gegenüber SGB VIII und SGB II.

„(1) Leistungen der aktiven Arbeitsförderung dürfen nur erbracht werden, wenn nicht andere Leistungsträger oder andere öffentlich-rechtliche Stellen zur Erbringung gleichartiger Leistungen gesetzlich verpflichtet sind" (§ 22 SGB III).

5.2.4 SGB XII: Sozialhilfe

Die Relevanz des SGB XII für die Zielgruppe der schwer erreichbaren jungen Menschen ist sicherlich uneindeutig. Das SGB XII ist grundlegend nachrangig, da die Personengruppe der 15- bis 25-jährigen jungen Menschen grundsätzlich in der Lage sein bzw. in diese versetzt werden sollte, ihren Lebensunterhalt aus eigener Kraft zu besorgen.

> *(1) Sozialhilfe erhält nicht, wer sich vor allem durch Einsatz seiner Arbeitskraft, seines Einkommens und seines Vermögens selbst helfen kann oder wer die erforderliche Leistung von anderen, insbesondere von Angehörigen oder von Trägern anderer Sozialleistungen, erhält.*
>
> *(2) Verpflichtungen anderer, insbesondere Unterhaltspflichtiger oder der Träger anderer Sozialleistungen, bleiben unberührt"* (§ 2 SGB XII).

Mit Blick auf die Leistungen zur Grundsicherung für Arbeitsuchende schließt das SGB XII Leistungen zum Lebensunterhalt sogar explizit aus.

> *„Personen, die nach dem Zweiten Buch als Erwerbsfähige oder als Angehörige dem Grunde nach leistungsberechtigt sind, erhalten keine Leistungen für den Lebensunterhalt. Abweichend von Satz 1 können Personen, die nicht hilfebedürftig nach § 9 des Zweiten Buches sind, Leistungen nach § 36 erhalten. Bestehen über die Zuständigkeit zwischen den beteiligten Leistungsträgern unterschiedliche Auffassungen, so ist der zuständige Träger der Sozialhilfe für die Leistungsberechtigung nach dem Dritten oder Vierten Kapitel an die Feststellung einer vollen Erwerbsminderung im Sinne des § 43 Absatz 2 Satz 2 des Sechsten Buches und nach Abschluss des Widerspruchsverfahrens an die Entscheidung der Agentur für Arbeit zur Erwerbsfähigkeit nach § 44a Absatz 1 des Zweiten Buches gebunden."* (§ 21 SGB XII)

Allerdings sind die Bestimmungen für Hilfen zur Überwindung besonderer sozialer Lebenslagen (§ 67 f SGB XII) dann wiederum sehr offen formuliert – geradezu relevant für die häufig besonderen Schwierigkeiten von schwer erreichbaren jungen Menschen (z.B. Wohnen).

> *„Personen, bei denen besondere Lebensverhältnisse mit sozialen Schwierigkeiten verbunden sind, sind Leistungen zur Überwindung dieser*

Schwierigkeiten zu erbringen, wenn sie aus eigener Kraft hierzu nicht fähig sind. Soweit der Bedarf durch Leistungen nach anderen Vorschriften dieses Buches oder des Achten und Neunten Buches gedeckt wird, gehen diese der Leistung nach Satz 1 vor." (§ 67 SGB XII)

"(1) Die Leistungen umfassen alle Maßnahmen, die notwendig sind, um die Schwierigkeiten abzuwenden, zu beseitigen, zu mildern oder ihre Verschlimmerung zu verhüten, insbesondere Beratung und persönliche Betreuung für die Leistungsberechtigten und ihre Angehörigen, Hilfen zur Ausbildung, Erlangung und Sicherung eines Arbeitsplatzes sowie Maßnahmen bei der Erhaltung und Beschaffung einer Wohnung. Zur Durchführung der erforderlichen Maßnahmen ist in geeigneten Fällen ein Gesamtplan zu erstellen.

(2) Die Leistung wird ohne Rücksicht auf Einkommen und Vermögen erbracht, soweit im Einzelfall Dienstleistungen erforderlich sind. Einkommen und Vermögen der in § 19 Abs. 3 genannten Personen ist nicht zu berücksichtigen und von der Inanspruchnahme nach bürgerlichem Recht Unterhaltspflichtiger abzusehen, soweit dies den Erfolg der Hilfe gefährden würde.

(3) Die Träger der Sozialhilfe sollen mit den Vereinigungen, die sich die gleichen Aufgaben zum Ziel gesetzt haben, und mit den sonst beteiligten Stellen zusammenarbeiten und darauf hinwirken, dass sich die Sozialhilfe und die Tätigkeit dieser Vereinigungen und Stellen wirksam ergänzen." (§ 68 SGB XII)

5.3 Die Umsetzung von Präsenz – zentrale Elemente von Erreichbarkeit

Wohlwollende Präsenz für schwer erreichbare junge Menschen leben wir in unseren Einrichtungen ganz im Sinne der Idee des Oratoriums von Don Bosco. Unsere Einrichtungen sollen ein Ort sein, an dem sich junge Menschen wie in einer Familie angenommen fühlen (eine Erfahrung, die viele in ihrer Ursprungsfamilie nicht machen), eine Schule, die auf das Leben vorbereitet, ein Spielhof, wo man aneinander freundschaftlich und froh begegnet, eine Gemeinschaft, die Impulse für neuen Lebensmut gibt, eine

Werkstatt, in der man seine Fähigkeiten erproben kann (z.B. Weinschenk, 1987, 174ff).

Die konkreten Elemente der Umsetzung in unser Arbeit mit schwer erreichbaren jungen Menschen lassen sich in dieser Rahmenkonzeption nur als Möglichkeiten skizzieren. Die konkrete Ausgestaltung wird von den Möglichkeiten der Einrichtungen, den Kooperationsformen und auch Ermessensspielräumen der Träger wie auch den Notwendigkeiten vor Ort abhängen.

Offener Treff

Ganz im klassischen Sinne des Oratoriums stellt der Offene Treff eine niedrigschwellige und offene Anlaufstelle für junge Menschen da. Mit dem offenen Treff machen wir uns analog erreichbar! Insbesondere für junge Menschen zwischen 15 bis 25 Jahren kann der Offene Treff den Dreh- und Angelpunkt für weiterführende, integrierte Angebote darstellen. Je nach Möglichkeit gibt es im Offenen Treff:

→ eine erste Anlaufstelle

→ Aufmerksamkeit, Wohlwollen und Beratung

→ Essen und Trinken

→ Ausruhmöglichkeiten unter einem Dach

→ Spielgelegenheiten

→ Duschen, Wäsche waschen

→ Strom (zum Laden etc.)

→ Vermittlung von möglichen Schlafplätzen

→ pädagogische und kreative/handwerkliche Aktivierungsangebote

Mobile Jugendsozialarbeit – erreichende Straßenpädagogik

Möglicherweise finden schwer erreichbare junge Menschen den Weg nicht eigenständig in den Offenen Treff und die weiterführenden Angebote. Neben dem Offenen Treff als lokalem niedrigschwelligem Angebot stellt die mobile Jugendsozialarbeit eine andere Möglichkeit dar, schwer erreichbare junge Menschen zu erreichen. Brennpunkte im Quartier oder Stadtgebiet können mobil aufgesucht werden. Erreicht werden können insbesondere auch Straßenjugendliche, welche von sich aus den Weg nicht in etablierte Organisationsstrukturen suchen, aber Hilfe und Unterstützung in vielfältigen Lebensherausforderungen benötigen. In der mobilen Arbeit können Beratungen zu Leistungen des Sozialsystems erfolgen, Krisenintervention oder auch Schnittstellen bzw. Beziehungen zum Offenen Treff, relevanten Akteuren des Sozialleistungssystems (Jobcenter, Agentur für Arbeit, Jugendamt etc.) oder anderen relevanten Organisationen (z.B. potentielle Arbeitgeber) ermöglicht werden.

→ In Form der klassischen Streetwork: Mitarbeiter*innen suchen zentrale Plätze etc. zu Fuß auf und „arbeiten" auf der Straße mit Ziel der Anbindung in reguläre Strukturen bei Hilfenotwendigkeiten.

→ Mit einem Beratungsbus/Beratungsmobil: Ein Beratungsmobil kann als Anlauf-, Beratungs-, Aktivierungs- und Versorgungsstelle dienen. Angefahren werden können auch weiter entfernte Brennpunkte, zudem ist eine Versorgung mit lebensnotwendigen Hygieneartikeln, kleinen Snacks oder Spiel- und Schulmaterial möglich.

Virtuelle Präsenz

Die Lebensführungen junger Menschen sind im Wandel und damit auch die Möglichkeiten der Kommunikation und Erreichbarkeit. Insbesondere haben sich in starkem Maße virtuelle Social-Media-Plattformen (Instagram, Snapchat, tiktok etc.) oder Messenger-Dienste (Whatsapp, Twitter etc.) etabliert – die Lebenswelt schwer erreichbarer junger Menschen konstituiert sich letztlich zunehmend virtuell (insofern die Virtualität ja auch einen Rückzugsort des analogen Daseins bildet). Informationen zu unseren Angeboten, Öffnungszeiten und Kontaktmöglichkeiten sind auf den Homepages der jeweiligen Einrichtungen der Salesianer Don Boscos zu finden. Hinblickend auf die virtuelle Zukunft sind darüber hinaus virtuelle Formate relevant (Chats, Foren, Video-Sessions etc.)[34]. Hier besteht die Möglichkeit des anonymen Erstkontakts und auch konkrete Beratungen

---

[34] Mit Blick auf das Verhältnis von Diskontinuität der jungen Menschen – virtuelle Präsenz: Anzudenken wäre ein deutschlandweiter virtueller 24/7-Krisendienst der Salesianer Don Boscos.

in Krisensituationen auch über die Öffnungszeiten der Offenen Treffs oder aufsuchenden Jugendsozialarbeit hinweg. Beziehungen können so stabilisiert werden, insofern virtuelle Adressen (Accounts in Instagram etc., E-Mail-Adressen) sehr stabile soziale Adressen darstellen – gegenüber der Fluidität von Wohnadressen, Straßen oder Mobilnummer (diese Adressformen sind gerade bei schwer erreichbaren jungen Menschen häufigen Diskontinuitäten unterworfen).

Krisenintervention

Krisen sind vielfältig, ereignen sich als „Umbruch" häufig spontan und brauchen sofortige Unterstützung. Es kann sich um eine Notunterbringung, akute Probleme in Familie und Partnerschaft, Gewalterfahrung, Delinquenz oder vieles andere handeln. In der akuten Krisensituation sind wir erreichbar hinsichtlich …

→ einer Klärung der Situation,

→ dem Aufzeigen möglicher Hilfen und Unterstützungsformen,

→ ggf. der Benachrichtigung einer Vertrauensperson,

→ der (materiellen) Sorge für das Wohl des Kindes,

→ einer unterstützenden Begleitung in Klärungsprozessen,

→ einer notfalls vorläufigen Unterbringung.

Wohnen in Not

Nach Möglichkeit halten wir in unseren Einrichtungen Übernachtungsmöglichkeiten bereit, um jungen Menschen einen Schutzraum in akuten Notsituationen bieten zu können (z.B. nach § 42 SGB VIII oder § 67 SGB XII). Im Mittelpunkt einer solche Unterbringung steht die spontane Stabilisierung der Hilfesuchenden mit dem Ziel einer schnellstmöglichen Beendigung der vorläufigen Schutzmaßnahme und der Vermittlung in angemessene, weiterführende Hilfen.

24/7-Präsenz

Schwere Erreichbarkeit junger Menschen korreliert in aller Regel mit Problemen hinsichtlich der Integration in organisierte Soziallogiken. Das meint auch Probleme mit der Inanspruchnahme von Angeboten des Offenen Treffs oder der mobilen Jugendsozialarbeit zu festen Öffnungs- oder Anlaufzeiten. Insofern ist es unser Prinzip, auch diejenigen Situationen nutzen zu wollen, in denen sich die jungen Menschen selbst erreichbar machen (wann immer das sein mag oder notwendig ist), und sind 24 Stunden, sieben Tage die Woche persönlich, telefonisch oder online erreichbar.

6 Integrative Kontinuität: weiterführende Angebote zur beruflichen und sozialen Integration

Während andere Träger im Kontext schwerer Erreichbarkeit oftmals mit Verweisungsstrukturen arbeiten – also junge Menschen zu erreichen suchen, Beziehungen aufbauen und dann an spezielle Angebote der beruflichen Integration anderer Träger weiterverweisen –, ist es unser Ziel, direkt ein möglichst ganzheitliches Angebot zur Förderung schwer erreichbarer junger Menschen zu gestalten und die besonderen Problemlagen ernst zu nehmen. Ein funktionierendes Netzwerk mit unterschiedlichen sozialen Akteuren vor Ort ist hilfreich für die Anbindung an schulische oder berufliche Bildungswege – aber im Zeichen der Diskontinuität als besonderem Merkmal der Zielgruppe wollen wir mit einem integrativen Angebot Kontinuität in den personalen Beziehungen, in Selbstwirksamkeit ermöglichenden Freizeitangeboten und Erprobungen in der beruflichen Integration ermöglichen. Für uns bedeutet das:

→ Respekt vor der Eigensinnigkeit diskontinuierlicher Lebenserfahrungen der jungen Menschen,

→ langfristige Erreichbarkeit durch die Präsenz unserer Einrichtungen,

→ Offenheit für unterschiedliche Lebensorientierungen durch eine Vielzahl von Integrations-Angeboten,

→ Respekt vor möglichen Abbrüchen und das Offenhalten anderer Optionen in stabilen Beziehungen,

→ passende Angebote der beruflichen und sozialen Integration aus dem Kern der Erreichbarkeit heraus zu ermöglichen und damit Präsenz als salesianische Assistenz zu kontinuieren.

6.1 Aktivierungsangebote

Zur Heranführung an soziale Teilhabe und Beschäftigungsmöglichkeiten bilden Aktivierungs- und Beschäftigungsangebote einen Schwerpunkt. Rechtliche Grundlagen können sein: § 13 Abs. 2, in Kombination zu § 27, § 41 SGB VIII, ebenso wie Aktivierungshilfen durch das Jobcenter auf Grundlage § 16 Abs. 1 SGB II i.V.m. § 45 Abs. 1 Satz 1, Nr 1 SGB III.

Pädagogische Aktivierungsangebote dienen zum einen vornehmlich der direkten Entwicklung der Teilnehmerpersönlichkeit, der Erlangung von Sozialkompetenzen, dem Erkennen und der Verbesserung der eigenen körperlichen Fähigkeiten sowie dem Kennenlernen freizeitbezogener Normbetätigungen und deren Einbindung in einen sinnstiftenden und selbstgefährdungsfreien Kontext. Zum anderen bilden sie im Rahmen der Beziehungsarbeit eine wertvolle Möglichkeit für die substantielle Intensivierung eines professionellen, vertrauensvollen und offenen Umgangs miteinander, welcher die Zugänglichkeit der Teilnehmer für die pädagogischen Unterstützungsleistungen und damit deren Wirksamkeit sehr positiv beeinflussen kann. Die Aktivierungsangebote finden dabei nicht immer zu fixen Terminen statt, sondern können bei Bedarf flexibel oder kurzfristig gestaltet und angeboten werden. Im Wesentlichen umfassen diese Angebote die Bereiche:

→ **freizeitpädagogische Aktivierung:** Tagesausflüge (z.B. Tiergarten, Klettergarten, Museum, Kino), Exkursionen (z.B. Campingausflug über das Wochenende), gemeinsame Spielangebote etc.

→ **Sportangebote:** z.B. auf dem Sportplatz der Einrichtungen (Fußball, Basketball, Volleyball, Tischtennis), im Fitnessraum der Einrichtungen (z.B. Boxen) oder auf nutzbaren Freizeitgeländen

→ **Kochaktionen**

→ **themenzentrierte pädagogische Gruppenarbeit:** z.B. Präventionsgruppen, Gesprächsrunden bzgl. alltagsweltlicher Probleme und Erfahrungen der Zielgruppe, Angebot einer KISS Gruppe, Theaterpädagogik, Musikgruppe

Werkstätten-Aktivierung: Ziel der Werkstätten-Aktivierung ist es, die Teilnehmer im Rahmen eines niedrigschwelligen und weitgehend verpflichtungsentbundenen Kontextes wieder an ein erstes geregeltes Arbeitsverhalten heranzuführen. Entscheidend für die Entwicklung einer dafür notwendigen intrinsischen Motivation ist dabei das Erleben eigener Erfolge und in der Folge die Bewusstwerdung der eigenen Fähigkeiten basierend auf dem positiven Erlebnis des eigenen kreativen, handwerklichen Schaffens. Die Möglichkeit zur Aktivierung in einem handwerklichen, kreativen Setting kann in angebundenen Werkstätten unter entsprechender fachlicher Anleitung gegeben werden. Die einzelnen Werkstätten können dabei immer zu festgelegten Tagen und Zeiten geöffnet sein, so dass ein möglichst kontinuierlicher Wochenplan und dadurch eine Heranführung an die Kontinuitäts-Anforderungen im ersten Arbeitsmarkt ermöglicht werden. In regelmäßigen Fallbesprechungen können die Eindrücke der Anleiter und die Vorkommnisse im Werkstattbereich mit dem pädagogischen Case Management zusammengeführt werden. Bereiche der Werkstätten-Aktivierung können z.B. sein:

→ Holz- und Kreativwerkstatt

→ Friseur & Kosmetik

→ Hauswirtschaft/Kochen

→ Garten- und Landschaftsbau

→ Nähwerkstatt

→ Fahrradwerkstatt

6.2 Obdach und Wohnen

Aus einer ganzheitlichen Perspektive ist neben den Beratungsmöglichkeiten über Angebote des Offenen Treffs, der mobilen analogen oder virtuellen Jugendsozialarbeit und Aktivierungsangeboten zur beruflichen und sozialen Integration die Obdach- bzw. Wohnungslosigkeit für schwer erreichbare junge Menschen ein zentraler Problembereich. Über sicheren Lebensraum zu verfügen – die eigenen vier Wände – fördert Handlungsfähigkeit und macht auch für weiterführende Angebote und Hilfen erreichbar.

Falls möglich, bieten wir in unseren Einrichtungen über reine Krisenübernachtungsmöglichkeiten hinausführend stationäre Wohnmöglichkeiten in Absprache mit den zuständigen Trägern nach SGB VIII, SGB XII oder den Kommunen an[35], etwa:

→ stationäre Unterbringung: z.b. als Inobhutnahmestelle nach § 42 SGB VIII, als Heimunterbringung nach § 34 SGB VIII für Minderjährige, für junge Volljährige nach § 41 SGB VIII, im Rahmen der Jugendsozialarbeit nach § 13 Abs. 3 SGB VIII oder als intensivpädagogische Maßnahme nach § 35 SGB VIII

→ Wohnen für Volljährige in besonders schwierigen Lebenslagen nach § 67 SGB XII

6.3 Bildungsabschluss – Ersatzschule

Aufgrund von Schulabbrüchen liegen bei den schwer erreichbaren jungen Menschen oft geringe bis gar keine schulischen Qualifikationen vor. Einen Schulabschluss zu erwerben, ist ein wesentlicher Baustein für entkoppelte junge Menschen, zurück in Bildung und Arbeit, in die Mitte der Gesellschaft zu finden. Etwa die Flex-Fernschule ist ein alternatives Schulangebot und bereitet schwer erreichbare junge Menschen, die aus mannigfaltigen Gründen keine Regelschule besuchen können bzw. keinen Schulabschluss erworben haben, individuell und flexibel auf die Schulfremdenprüfung zum Haupt- und Realschulabschluss vor. Fördermöglichkeiten bestehen über das SGB VIII oder SGB III.
Der Besuch einer Regelschule, wenn dieser realisierbar ist, hat Vorrang.

6.4 Gezielte nachgehende Sozialarbeit

Ziel unserer nachgehenden Sozialarbeit ist es, den einmal hergestellten Kontakt zu jungen Menschen im gezielten Nachgehen präsent und damit die Beziehung trotz einer möglichen Diskontinuität aufrecht zu erhalten:

---

[35] Etwa in der Stadt Köln finanziert die Fachstelle Wohnen Schlafstellen zur freien Belegung innerhalb des Projektes work4you.

die Ermöglichung von Kontinuität durch nachgehende Präsenz. Es handelt sich um eine personenzentrierte Methode der Hilfeerbringung im Sinne des Case Managements und ist daher strukturell in das Gesamtangebot integriert. Konkret bedeutet dies, dass junge Menschen aufgesucht und außerhalb der Einrichtung kontaktiert werden. Das kann sich auf wiederholtes Nicht-Erscheinen beziehen, aber auch darauf, dass z.B. junge Menschen zwar am Projektalltag, aber nicht an tagesstrukturierenden Angeboten (z.B. Essen, Beratungsgespräche etc.) teilnehmen. So wird versucht, einer erneuten Diskontinuität im Beziehungsgefüge und damit dem Kontaktverlust zu den jungen Menschen entgegenzuwirken.

6.5 Nachsorge

Im Rahmen der Nachsorge werden Jugendliche und junge Erwachsene noch eine gewisse Zeit ambulant begleitet, z.B. wenn es um den Schritt der Verselbständigung aus einem Wohnangebot hin in eigenen Wohnraum oder die Aufnahme einer schulischen oder beruflichen Ausbildungsmaßnahme geht. Gerade in den ersten Monaten ist eine Unterstützung hilfreich, wenn es z.B. um persönliche Klärungen der individuellen Lebenspläne, Behördengänge, Beantragung von Geldern, Schuleinschreibungen, Ausbildungsverträge oder Mietangelegenheiten geht. Insbesondere für junge Volljährige besteht hier im § 41a SGB VIII eine Grundlage für Nachbetreuung. Ziel ist, die jungen Menschen auf ihrem nun eigenständigeren Weg in die Selbständigkeit nicht zu überfordern und die Verselbstständigung zu stabilisieren. Der Offene Treffpunkt bleibt als niedrigschwelliges Angebot bei Bedarf weiterhin nutzbar.

7 Ein Plädoyer: Ganzheitliche Maßnahmen – Kooperation der Rechtskreise

Schwer erreichbare junge Menschen sind eine besondere Zielgruppe (vgl. im Gesamten Kap. 3). Als zentrale Kennzeichen wurden hier herausgearbeitet:

→ sehr individuelle, häufig **multiple Problemlagen** (kein stabiles soziales Beziehungsnetz, gesundheitliche Einschränkungen, Wohnungslosigkeit, geringe soziale Grundkompetenzen, Schulden, Bildungsmüdigkeit, Delinquenz, Orientierungslosigkeit etc.)

→ oft **komplexe Problemkonstellationen und Konflikte in den Herkunftsfamilien** (mangelndes Vertrauen, problematisches Problemlöseverhalten, Vernachlässigung, Suchproblematiken der Eltern etc.)

→ häufig **Diskontinuitäten im Lebenslauf** (Brüche mit Familie, Schule, Arbeit, Beziehungen etc.)

→ **Probleme mit der Integration in organisierte Soziallogiken** (mit Gründen auf Seiten der jungen Menschen – aber auch der Handlung- und Programmlogiken der Organisationen des Sozialleistungssystems selbst)

Gerade mit der Evaluation des Bundesprogramms RESPEKT (BMAS, 2018) liegen in Korrelation mit

→ empirischen Untersuchungen (z.B. Bolz/Albers/Baumann, 2019; Beierle/Hoch, 2017; BMAS, 2018; DJI, 2015; Giertz/Gervink, 2017; Gurr et al., 2016; König et al., 2014; Macsenaere, 2014),

→ fachlichen Empfehlungen (z.B. BA, 2018; BAG KJS, 2018; DV, 2017a; DV, 2017b) und

→ etablierten Praxiskonzeptionen (exemplarisch Paritätischer, 2019)

zu schwer erreichbaren jungen Menschen, Entkoppelten, Straßenjugendlichen, Systemsprengern etc. im Alter zwischen 15 bis 25 Jahren eindeutige Hinweise hinsichtlich zentraler methodischer Wirkfaktoren für die Förderung schwer erreichbarer junger Menschen vor (vgl. Kap. 3.4).

Förderliche Maßnahmen sollten ganzheitlich gestaltet sein:

→ Erreichbarkeit durch Niedrigschwelligkeit erzeugen

→ Individualisierung der je besonderen Problemlagen

→ ressourcenorientierte Perspektiven einnehmen

→ Beziehungen personell und organisationell gestalten: Vertrauen aufbauen

→ schwere Erreichbarkeit braucht freiwillige Handlungsfähigkeit

→ differenzierte Begleitung zur Entwicklung eines individuell vernünftigen „Lebensplanes"

→ Langfristigkeit: trotz Scheitern oder zwischenzeitlichem Abbruch Beziehung kontinuierlich ermöglichen

→ wirksame Unterstützung bzw. Hilfen brauchen gutes Personal

→ Rechtskreise, Angebote und Leistungen vernetzen

Insbesondere im Bundesprogramm RESPEKT wurden Hilfeangebote sozialpädagogischer Art zur individuellen Förderung schwer erreichbarer junger Menschen und ihrer Heranführung ans Sozialleistungssystem gefördert (BMAS, 2018, 26). Neben diesem methodischen Fokus müssen aber weiterführend die Rahmenbedingungen für die Maßnahmen selbst in den Blick genommen werden – wenn wirklich eine Heranführung an Sozialleistungssysteme erreicht und damit soziale Teilhabechancen verwirklicht werden sollen. Die Evaluation von RESPEKT hat hier sinnvollerweise den Fokus auf zwei Ebenen gelegt:

1. eine stärkere Kooperation zwischen den Rechtskreisen (z.B. in Jugendberufsagenturen oder rechtliche Reformen zur Glättung von Schnittstellenproblemen)

2. Reformen innerhalb der Rechtskreise (z.B. anhaltende Diskussionen um die Sanktionierung im U25-Bereich)" (BMAS, 2018, 26)

Aus den Erfahrungen in der Arbeit mit schwer erreichbaren jungen Menschen lassen sich dabei einige Aspekte hinsichtlich der Rahmenbedingungen fokussieren, die hier zum Abschluss dieser Arbeit im Sinne eines Plädoyers ausdifferenziert werden – sozusagen eine Perspektive, damit die Arbeit mit schwer erreichbaren jungen Menschen und damit ihr Leben ein wenig besser gelingen mag ...

7.1 Beziehungen in verlässlicher, möglichst ganzheitlicher Präsenz ermöglichen

Schwere Erreichbarkeit als Zuschreibungsmerkmal funktioniert in zwei Richtungen: schwer erreichbare junge Menschen und eine schwere Erreichbarkeit organisierter Soziallogiken.

schwer erreichbare junge Menschen	schwere Erreichbarkeit	schwer erreichbare Soziallogiken
▸ multidimensionale Problemlagen		▸ standardisierte Regelangebote
▸ Probleme in Herkunftsfamilien		▸ „frühe" Altersbeschränkungen
▸ Exklusionen aus sozialen Institutionen (Schule, Familie, Ausbildung, Betriebe)		▸ bürokratischer Formalismus (z.B. Listen, Potentialanalysen, Sanktionsmechanismen etc.)
▸ mangelnde personale Kompetenzen (Zuverlässigkeit, Pünktlichkeit etc.)		▸ Sicherheitsschranken in Ämtern
▸ negative Haltung gegenüber Sozialleistungssystemen		▸ ambulante, vernetzte „Aushilfsangebote"
▸ Kontinuität in der Diskontinuität		▸ (zu) einfache managerielle Input-Output-Logiken
		▸ „Zerteilung" in Rechtskreise

Abb.: schwere Erreichbarkeit als gegenseitige Zuschreibung
© Andreas Kirchner, eigene Darstellung

Die Lebensläufe dieser jungen Menschen sind häufig von Brüchen und belastenden Multiproblemlagen mit einer entsprechenden Routinisierung von dysfunktionalen Verhaltensweisen geprägt – aber auch die Logiken von klassischen Sozialleistungsträgern, Schulen, Ausbildungsbetrieben etc. passen mit ihren häufig (zu) einfachen Input-Output-Logiken nicht zu diesem Klientel. Reine Zuschreibungen an die jungen Menschen gepaart mit einseitigen Wünschen an eine Verhaltensänderung der jungen Menschen helfen hier nicht weiter – honoriert wird eben das ja in aller Regel mit einem weiteren Rückzug und einer damit einhergehenden schwereren Erreichbarkeit.

Hier braucht es zunächst offene und niedrigschwellige Möglichkeiten der Erreichbarkeit (z.B. über Offene Treffs, aufsuchende Straßensozialarbeit oder virtuelle Kontaktmöglichkeiten), die überhaupt erst einmal den Kontakt zu schwer erreichbaren jungen Menschen erzeugen. Die zentrale Formel im Hinblick auf schwere Erreichbarkeit lautet: *sich selbst erreichbar machen durch institutionelle Präsenz.* Und darüber hinaus braucht es Beziehungen in personaler Präsenz, welche im Hinblick auf die sozialen Diskontinuitäten der jungen Menschen auch punktuelle Rückzüge, Abbrüche und Umwege aushalten. Intendiert ist ja mit den Leistungen für schwer erreichbare junge Menschen eine Integration in soziale Sachverhalte – und das lässt sich nur in der Gemeinschaftlichkeit präsenter Beziehungen vermitteln: mit einem konkreten, verlässlichen, präsenten DU. Damit solche Beziehungen zwischen Mitarbeiter*innen und jungen Menschen ihren Sinn auf die Entwicklung eines „vernünftigen" Lebensplanens hin entfalten können[36], ist Neugier, Vertrauen und Wohlwollen nötig, aber auch ein diagnostisch differenzierter, ganzheitlicher Blick auf die individuellen Bewältigungskonstellationen. Helfen können hierbei ganzheitliche Angebotsstrukturen, die unterschiedlichste Lebensbereiche erfassen (Essen, Freizeit, Unterkunft/Wohnen, Beratung, Bildung, Ausbildung). Dazu aber brauchen nicht nur die jungen Menschen, sondern auch die Träger so

---

[36] Ganz im Sinne einer Lebenskunst: ‚Lebenskunst' zielt auf einen ‚Sinn des Lebens', der sich nicht einfach nur in positiv zu beschreibenden Momenten des Gelungenen – oder des Erfolgs, der Anerkennung oder des Glücks – fassen lässt, sondern sich in einer Erfahrung realisiert, in der Menschen sich im Prozess des Lebens durch die wechselnden, glücklichen, schmerzenden und kränkenden Erfahrungen, durch Erfüllungen und Konflikte und Krisen hindurch in ihrer Selbstzuständigkeit als Subjekt ihres Lebens erfahren. Es geht um einen Prozess in immer neuen Anläufen durch Krisen, Abstürze und Neuansätze hindurch. Das Leben erfährt seinen Sinn darin, dass Menschen in ihnen die Zuständigkeit für sich nicht verlieren, dass sie sich nicht aufgeben" (Thiersch, 2020, 114). „Die Kunst, zu leben", war im übrigen schon die „klassische" Zielperspektive der Wohlfahrtspflege bei Alice Salomon (Salomon, 2004, 300ff).

etwas wie ein ganzheitliches „Interface" an Sozialleistungsstrukturen: wie wenn die differenzierten Leistungen der Sozialleistungsträger im Hintergrund zusammenkommen (z.b. in Jugendberufsagenturen) und von da aus den jungen Menschen aus einer ganzheitlichen Perspektive zukommen.

7.2 Altersspielraum im SGB VIII ernst nehmen

Das SGB VIII als Kinder- und Jugendhilfegesetz orientiert sich vorwiegend auf personenbezogene Aspekte in der Entwicklung junger Menschen zu „einer selbstbestimmten, eigenverantwortlichen und gemeinschaftsfähigen Persönlichkeit" (§ 1 SGB VIII). Im Rahmen dieser ganzheitlichen Persönlichkeitsentwicklung sind aber Aspekte der beruflichen Entwicklung und der Eingliederung in den Arbeitsmarkt gerade in der späteren Jugendphase zentrale Aspekte. Wenn die notwendige personale, schulische und berufliche Qualifizierung mißlingt, steht gerade das Ziel der Eigenverantwortlichkeit und Gemeinschaftsfähigkeit zur Disposition. Insofern sieht das SGB VIII Leistungen der Jugendsozialarbeit vor, um individuelle Beeinträchtigungen und soziale Benachteiligungen auszugleichen (§ 13 SGB VIII). Im § 13 SGB VIII wird explizit von jungen Menschen gesprochen und nicht von Kindern oder Jugendlichen. Nach § 7 SGB VIII gilt als junger Mensch, wer noch nicht 27 Jahre alt ist. Angebote der Jugendsozialarbeit sollten deshalb den vollen Altersspielraum ausschöpfen – über die Volljährigkeit hinaus.

7.3 Ausbau der Jugendberufshilfe im SGB VIII

Im § 13 (1) SGB VIII ist eindeutig normiert, dass zum Ausgleich sozialer Benachteiligungen oder zur Überwindung individueller Beeinträchtigungen die Jugendhilfe die schulische und berufliche Ausbildung, die Eingliederung in die Arbeitswelt wie auch die soziale Integration fördern „soll". Zu bemerken ist grundlegend ein Ausbau der schulischen Förderperspektive in den letzten 15 Jahren über unterschiedliche Angebote der Jugendsozialarbeit an Schulen; hier scheinen die öffentlichen Träger der Jugendhilfe einen Schwerpunkt gesetzt zu haben, der – bei aller Relevanz, sozialpädagogische Hilfen an die Schulen zu bringen – allerdings dem im SGB VIII normierten Aufgabenspektrum nicht gerecht wird. Es lässt sich nämlich gleichzeitig feststellen, dass Angebote der Jugendsozialarbeit im Bereich der beruflichen Qualifizierung bzw. am Übergang Schule–Arbeitswelt seit dem Inkrafttreten des SGB II rückläufig sind (Münder/Hofmann, 2017, 13). Das ist problematisch, weil der Gesetzgeber zur Begründung der Einführung des § 16 h im SGB II eindeutig betont hat, dass die Leistungen der Jugendhilfe in einem Vorrangverhältnis stehen. Dies drückt sich auch im unterschiedlichen Aufforderungscharakter der Normen aus: Im § 13 (1) SGB VIII „sollen" Angebote zur Förderung der beruflichen Qualifizierung und Integration in den Arbeitsmarkt gemacht werden – im § 16 h SGB II „können" Angebote zu Heranführung von schwer erreichbaren jungen Menschen an das Sozialleistungssystem gemacht werden. Mit der SGB VIII-Reform im Zuge des Kinder- und Jugendstärkungsgesetzes (KJSG, 2021) haben Angebote der Schulsozialarbeit mit dem neu eingefügten § 13a SGB VIII nun eine eigenständige Rechtsgrundlage bekommen. Ob damit allerdings ein adäquater Ausbau von Angeboten der „eigentlichen" Jugendsozialarbeit nach § 13 SGB VIII auch für schwer erreichbare junge Menschen einhergeht – insbesondere mit einem integrierten Fokus auf Ausbildung, Beruf, Wohnen –, wird spannend zu beobachten bleiben.

7.4 Örtliche Zuständigkeiten als Barrieren der Erreichbarkeit

Die Lebensführung schwer erreichbarer junger Menschen lässt sich in aller Regel durch eine hohe Diskontinuität und Mobilität beschreiben: Schulwechsel- und Abbrüche, wechselnde Wohnorte oder Schlafgelegenheiten, wechselnde Jobs, berufliche Versuche oder fluide soziale Netzwerke. Für meist lokal agierende soziale Institutionen wie Schulen, Jobcenter, Agenturen für Arbeit, Jugendämter etc. sind sie dadurch schwer erreichbar. Die örtliche und sachliche Zuständigkeit solcher sozialer Institutionen ist zum einen ein etabliertes Organisationsprinzip, um Leistungen überhaupt in einer generell erwartbaren Form möglich zu machen. Zum anderen machen sich die sozialen Institutionen für junge Menschen in besonderen Problemlagen dadurch selbst schwer erreichbar: Zum Beispiel sind Leistungen nach § 16 h SGB II auf diejenigen jungen Menschen beschränkt, welche ihren gewöhnlichen Aufenthalt (also Wohnsitz) auch im Zuständigkeitsbereich des jeweiligen Jobcenters haben (§ 36 SGB II) – eine rigide Auslegung des gewöhnlichen Aufenthalts führt so zu Problemen in der Zuständigkeit und damit zu einer selbsterzeugten Unerreichbarkeit. Schwer erreichbare junge Menschen sind aber nun einmal da, wo sie halt sind, und gerade bei dieser Zielgruppe muss der Moment einer Kontaktaufnahme und sich möglicherweise anbahnenden helfenden Beziehung genutzt werden und darf nicht mit einer vorgelagerten Frage nach der örtlichen Zuständigkeit abgewürgt werden. Überhaupt zu erreichen liegt ja gerade in der Intention des Gesetzgebers mit der speziellen Förderung schwer erreichbarer junger Menschen. Eine rigide Auslegung des gewöhnlichen Aufenthalts und ein Verweis an andere Kommunen kann so vorschnell zu einer erneuten Unerreichbarkeit und zum Kontaktabbruch führen, zugleich aber auch zu Finanzierungsproblemen bei den Trägern, etwa wenn schwer erreichbare junge Menschen mühsam an Angebote (mit individueller Teilnehmerfinanzierung und verwaltungstechnisch aufwändiger Teilnehmerregistrierung) angedockt werden und sich erst im Verlauf herausstellt, dass der gewöhnliche Aufenthalt (Wohnsitz) woanders ist[37]. Insofern war die Projektfinanzierung im Bundesprogramm RESPEKT sinnvoll, weil es der Fluidität und Mobilität der besonderen Zielgruppe gerecht werden konnte. Die, die da sind, sind die richtigen!

7.5 Klärungsprozesse müssen ernst genommen und finanziert werden

Insbesondere die relevanten Rechtskreise nach SGB II und SGB III sind in einer klaren Input-Output-Logik strukturiert: Bedarf – Angebot – Ergebnis. Die erreichende Arbeit mit schwer erreichbaren jungen Menschen muss aber anders verstanden werden: Überhaupt geht es um das Erreichen selbst und Klärungsprozesse, wie ein „vernünftiger Lebensplan" überhaupt aussehen könnte: Etwa warum überhaupt ist ein qualifizierender Bildungsabschluss oder eine berufliche Ausbildung sinnvoll? Hierzu braucht es vielfach Prozesse des Ankommen-Lassens oder Aufsuchens, welche oft

---

[37] Wenn z.B. das Jobcenter in der Kommune A einen Teilnehmer nach § 16 h SGB II nicht finanzieren kann/will, weil z.B. mit Wohnsitz in Kommune B gemeldet ist, er aber gerade mit dieser Maßnahme in Kommune A erreicht wird ...

langwierig sind und über Umwege (und auch zwischenzeitliche Kontaktabbrüche) gehen. Das Gestalten von erreichender Beziehung braucht Zeit und stellt im engeren Sinne auch die eigentliche Leistung nach § 16 h dar: das Clearing, welche Leistungen in der je individuellen Situation von Leistungsberechtigten überhaupt im Kontext der bestehenden Schwierigkeiten sinnvoll und möglich sind.

7.6 Paradoxie I im SGB II: Fordern und Erreichen im Widerspruch

Bei aller, sicherlich positiver Intention, hat der Gesetzgeber mit dem § 16 h im SGB II eine Paradoxie implementiert, auf Ebene der Normen wie auch der Programmlogiken. Der gesamte Rechtskreis ist in § 2 SGB II unter den „Grundsatz des Forderns" gestellt. So „muss" eine prinzipiell leistungsberechtigte Person an allen Maßnahmen zur Eingliederung in Arbeit mitwirken, sie „muss" eine Eingliederungsvereinbarung abschließen, sie „muss" in eigener Verantwortung alle Möglichkeiten nutzen, ihren Lebensunterhalt aus eigenen Mitteln und Kräften zu bestreiten. Im Gesamten ist der implizite Grundsatz, erwerbsfähige Personen möglichst schnell wieder aus dem Rechtskreis der Grundsicherung heraus zu bekommen! Und dann taucht plötzlich im § 16 h eine Norm auf (im zeitlichen Abstand von ca. 15 Jahren nach Implementation des SGB II im Jahr 2003), die überhaupt erst einmal an Leistungen des Sozialsystems heranführen will, allein schon wenn mögliche Voraussetzungen für eine Leistungsberechtigung mit hinreichender Wahrscheinlichkeit vorliegen könnten. Es sollen gar Leistungen erbracht werden, um überhaupt Sozialleistungen anzunehmen (§ 16 h (1) SGB II). Die Norm im § 16 h stellt hiermit geradezu in Rechnung, dass die schwer erreichbaren jungen Menschen eben schwer erreichbar sind für organisierte Soziallogiken wie die Schule, betriebliche Organisationen, Jobcenter oder die Agentur für Arbeit und es Leistungen braucht, die überhaupt erst Erreichbarkeit erzeugen. Aber gleichzeitig wird die zentrale Logik des SGB II im Grundsatz des Forderns (§ 2 SGB II) zur Erreichung der Gruppe der schwer erreichbaren jungen Menschen (§ 16 h SGB II) damit selbst zum Problem. Es sind ja eben diese Anforderungsprofile, mit denen sich die Organisationen selbst schwer erreichbar für diese Zielgruppe machen. Dieser Widerspruch auf der Ebene der Norm wiederholt sich dann auf der Ebene der Programmlogik – in den Verfahrensregelungen zum § 16 h SGB II. Die Jobcenter als für die Leistung zuständigen Stellen sind im Umgang mit diesen Widersprüchen vor gewaltige Herausforderungen gestellt – wenngleich die Förderung schwer erreichbarer junger Menschen in der Grundsicherung für Arbeitsuchende grundsätzlich sinnvoll platziert ist. Eine Möglichkeit wäre, den § 16 h vom Grundsatz des Forderns (§ 2 SGB II) explizit auszunehmen – eigentlich geht es ja um eine ganzheitliche Leistung vor den eigentlichen Leistungen zur Förderung in Arbeit.

7.7 Paradoxie II im SGB II: Leistungskürzung und Erreichen im Widerspruch

Ein ähnlicher Widerspruch ergibt sich beim Thema der Sanktionen – oder in einem anderen (Norm-)Gewand. Sanktionen sollen als Leistungskürzungen erfolgen, wenn eine Pflicht im Kontext des SGB II verletzt wird (§ 31 a-b SGB II). Die Sanktionen für unter 25-Jährige sind dabei interessanterweise schärfer als für über 25-Jährige – diese Sanktionslogik für junge Menschen steht dabei immer wieder in der Kritik (z.B. BMAS, 2017, 24). Eine grundlegende methodische Erkenntnis ist (s.o.), dass zur Erreichung schwer erreichbarer junger Menschen sich die relevanten Organisationen selbst erreichbar machen müssen. Und dazu gehört auch der niedrigschwellige Aufbau von Vertrauen und Kontinuität. Gleichzeitig ist der Lebenslauf von schwer erreichbaren jungen Menschen häufig von Diskontinuitäten durchzogen – sie scheitern an der ein oder anderen Stellen und brechen Kontakte, Schule, Arbeit oder Maßnahmen ab. Die empirisch gesicherte Erkenntnis lautet: Um überhaupt eine Beziehung zu schwer erreichbaren jungen Menschen aufbauen zu können (ganz im Sinne des Heranführens an Sozialleistungsangebote des § 16 h SGB II), braucht es eine offene Haltung des aktiven Aushaltens. Dem gegenüber ist die administrative Verfahrenslogik aber durch ein simples Input-Output-Controlling gekennzeichnet, das den besonderen Herausforderungen mit schwer erreichbaren jungen Menschen nicht gerecht wird.

> *„Das Konzept des ‚aktiven Aushaltens' dagegen meint, die widersprüchlichen Beziehungsangebote als Teil der Reinszenierung von destruktiven Bindungserfahrungen zu begreifen und daraus Hypothesen abzuleiten,*

warum das (ver)störende Verhalten des jungen Menschen wichtiger Teil des Prozesses auf dem Weg neuer Bindungserfahrungen ist. Somit wird eine verstehende Diagnostik zu einem unabdingbaren Baustein professioneller Beziehungsgestaltung in (intensiv)pädagogischen Kontexten" (Bolz/Albers/Baumann, 2019, 303).

Zudem sollte die Teilnahme an Leistungen nach § 16 h SGB II an keine starre Mindeststundenzahl pro Woche sowie einer maximalen Maßnahmendauer von sechs Monaten gebunden werden, um dem Umstand Rechnung zu tragen, dass es insbesondere zu Beginn der Leistungen Zeit bedarf, bis die jungen Menschen Vertrauen zu den Mitarbeitenden des Trägers aufbauen können" (BMAS, 2018, 101).

„Das Hartz IV-Leistungssystem ist von der Sanktionspraxis zu befreien und zu einem echten Unterstützungssystem inklusive eines sozialen Arbeitsmarktes und sozialpädagogischer Hilfen umzubauen" (Paritätischer, 2019b, 40).

7.8 Kooperationen der Rechtskreise in Planung und Leistungserbringung

Unterschiedliche Studien und fachliche Empfehlungen weisen immer wieder auf die Schnittstellenproblematiken insbesondere der Rechtskreise SGB II, SGB III und SGB VIII beim Thema Übergang Schule–Arbeitswelt hin (z.B. DJI, 2015, 32; DV, 2017a, 4; Münder/Hofmann, 2017). Schwer erreichbare junge Menschen im Alter von 15 bis 25 Jahren mit häufig multikomplexen Problemlagen sind davon in besonderem Maße betroffen. Es ist, wie wenn die jungen Menschen durch die Logiken der unterschiedlichen Rechtskreise und die Zuständigkeiten der jeweiligen öffentlichen Träger „zerteilt" würden – in ihren Problematiken und im Lebensalter.

→ Die Jugendhilfe befindet sich in Bezug auf junge Menschen unter 27 eigentlich in einem Vorrangverhältnis und hat im § 13 SGB VIII explizit Hilfen zur Förderung der beruflichen Qualifizierung und Integration in den Arbeitsmarkt normiert – aus einer ganzheitlichen Perspektive auf die Persönlichkeitsentwicklung sogar für das Wohnen (§ 13 (3) SGB VIII). Aber: Ein Schwerpunkt der Jugendsozialarbeit scheint auf Schu-

SGB III

Ziele:
Verbesserung der Beschäftigungsstruktur; Vermeidung der Entstehung von Arbeitslosigkeit, Verkürzung der Dauer von Arbeitslosigkeit; Förderung von sozial benachteiligten und lernbeeinträchtigten jungen Menschen

Leistungen:
Berufsorientierung; Berufsberatung; Ausbildungsvermittlung; Arbeitsvermittlung; aktive Förderung

SGB II

Ziele:
Vermeidung, Beseitigung, Verkürzung, Verminderung von Hilfebedürftigkeit; Wiederherstellung der Eigenverantwortung zur Sicherung des Lebensunterhalts durch Erwerbsarbeit; Grundsatz des Förderns und Forderns; schärfere Sanktionsregeln für unter 25-Jährige

Leistungen:
Ausbildungsvermittlung (falls keine Übertragung an Agentur für Arbeit); Arbeitsvermittlung; Leistungen zur Eingliederung; Berufsorientierung und Berufsberatung ergänzend zum Beratungsangebot der Agentur für Arbeit

SGB VIII

Ziele:
Förderung der Entwicklung zu einer selbstbestimmten, eigenverantwortlichen und gemeinschaftsfähigen Persönlichkeit; ganzheitlicher Ansatz

Leistungen:
Jugendarbeit; Jugendsozialarbeit; Hilfen für junge Volljährige; Nachbetreuungen; Hilfen enden meist mit Erreichen der Volljährigkeit

SGB XII

Ziele:
Ermöglichung eines menschenwürdigen Lebens; Befähigung zu einem möglichst selbstständigen Lebensunterhalt; nachrangig gegenüber anderen Leistungen; keine Leistungen zum Lebensunterhalt für prinzipiell Erwerbsfähige

Leistungen:
Hilfen zur Gesundheit (z.B. Vorsorge, Schwangerschaft); Hilfen zur Überwindung besonderer sozialer Schwierigkeiten

Abb.: Kooperation der Rechtskreise für ganzheitliche Maßnahmen notwendig
© Andreas Kirchner.
Eigene Darstellung.

len zu liegen, Angebote im Bereich der Jugendberufshilfe scheinen deutlich rückläufig. Zudem enden Hilfen oft mit Erreichen der Volljährigkeit.

→ Die Grundsicherung für Arbeitsuchende befindet sich im § 16 h SGB II gegenüber der Jugendhilfe in einem Nachrang-Verhältnis, hat aber gerade über die Mittel der Agentur für Arbeit die finanziellen Möglichkeiten (z.B. Münder/Hofmann, 2017, 11) und mit dem § 16 h SGB II auch eine genau fokussierte Norm zur Förderung schwer erreichbarer junger Menschen. Sinnvoll ist die Platzierung im SGB II auch, weil über die Fokussierung auf Erwerbsfähigkeit eine Weiterführung von Hilfen in einem Rechtskreis und bei einem Träger möglich ist. Aber: Das SGB II macht sich über den Grundsatz des Forderns, Eingliederungsvereinbarungen und der Sanktionslogik selbst schwer erreichbar. In Bezug auf schwer erreichbare junge Menschen wird sich das SGB II selbst zum Problem.

→ Die Relevanz des SGB III bietet zwar keine eindeutig fokussierte Norm für die soziale Benachteiligung oder individuelle Beeinträchtigung schwer erreichbarer junger Menschen, allerdings unter der Perspektive der Arbeitsförderung eine ganze Palette an Fördermöglichkeiten (§§ 45, 48, 51ff, 75, 76 SGB III).

Um Maßnahmen für schwer erreichbare junge Menschen anhand der methodischen Erkenntnisse ganzheitlich gestalten zu können, bedarf es „einer gemeinsamen Haltung der verantwortlichen Akteure, über Ressort- und Rechtskreisgrenzen hinweg zugunsten eines Personenkreises zusammenzuwirken, der der individuellen Unterstützung und Förderung bedarf. Es geht insbesondere um eine gemeinsame Verantwortung, damit bestehende Regelungen offensiv mit Blick auf die individuelle Lebenssituation des einzelnen jungen Menschen angewendet werden. Wenn es nicht gelingt, in der Lebensphase des Übergangs in das Erwachsenenalter Weichen richtig zu stellen, besteht die Gefahr der Verfestigung von prekären Lebenslagen mit dauerhaft negativen Folgen für die jungen Menschen und die Gesellschaft" (DV, 2017a, 4).

Und dabei geht es nicht nur um die jungen Menschen selbst, sondern auch um die Leistung-erbringenden Träger, die mit Engagement für eine gelingende soziale Integration schwer erreichbarer junger Menschen oft im

Dickicht der Rechtskreise, ihren unterschiedlichen Handlungslogiken und Abgrenzungsverhältnissen allein gelassen werden[38].

7.9 Eindeutige Kooperationsverpflichtungen in den jeweiligen Gesetzbüchern kodifizieren

Gerade mit Bezug auf die Zielgruppe der schwer erreichbaren jungen Menschen liegen im SGB II und SGB VIII rechtliche Normierungen zur Zusammenarbeit der zuständigen Träger vor:

> Im **SGB II**: *„Die zuständigen Träger der Leistungen arbeiten im Rahmen ihrer Aufgaben und Befugnisse mit den Gemeinden, Kreisen und Bezirken sowie den weiteren Beteiligten des örtlichen Ausbildungs- und Arbeitsmarktes zusammen"* (§ 18 Abs. 1 SGB II), vor allem wenn, *„zur Eingliederung insbesondere sozial benachteiligter und individuell beeinträchtigter junger Menschen zwischen den nach Absatz 1 beteiligten Stellen und Einrichtungen abgestimmte, den individuellen Bedarf deckende Leistungen erforderlich sind"* (§ 18 Abs. 2, 2 SGB II).

> Und weiter heißt es im § 16 h explizit zur Förderung schwer erreichbarer junger Menschen: *„Über die Leistungserbringung stimmen sich die Agentur für Arbeit und der örtlich zuständige Träger der öffentlichen Jugendhilfe ab"* (§ 16 h Abs. 3 SGB II).

> Im **SGB VIII**: *„Die Träger der öffentlichen Jugendhilfe haben mit anderen Stellen und öffentlichen Einrichtungen, deren Tätigkeit sich auf die Lebenssituation junger Menschen und ihrer Familien auswirkt, insbesondere mit [...] 1. den Trägern von Sozialleistungen nach dem Zweiten, Dritten, Vierten, Fünften, Sechsten und dem Zwölften Buch sowie Trägern von Leistungen nach dem Bundesversorgungsgesetz [...] im Rahmen ihrer Aufgaben und Befugnisse zusammenzuarbeiten"* (§ 81 SGB VIII).

---

38 „Die Vielzahl äußerst spezialisierter, jedoch zuweilen getrennter Ämter ist nicht förderlich, um dem christlichen Angebot Bedeutung zu verleihen. In einer fragmentierten Welt, die Ablenkung erzeugt und vielerlei Zugehörigkeiten bietet, muss jungen Menschen dabei geholfen werden, ihrem Leben einen einheitlichen Rahmen zu geben, indem tägliche Erfahrungen in ihrer Tiefe gedeutet und unterschieden werden. Wenn dies prioritär ist, müssen die verschiedenen Bereiche besser koordiniert werden und sich ergänzen, damit eine ‚Ämterarbeit' zur ‚Projektarbeit' wird" (Bischofssynode, 2018, Nr. 141, 52).

Und konkret auf den § 13 SGB VIII bezogen: „*(4) Die Angebote sollen mit den Maßnahmen der Schulverwaltung, der Bundesagentur für Arbeit, der Jobcenter, der Träger betrieblicher und außerbetrieblicher Ausbildung sowie der Träger von Beschäftigungsangeboten abgestimmt werden"* (§ 13 Abs. 4 SGB VIII).

Münder und Hofmann interpretieren insbesondere den § 18 Abs. 2,2 SGB II als „konkrete Zusammenarbeitsverpflichtung auf der Ebene einer objektiv-rechtlichen Norm" (2017, 40), gleiches kann für den § 81 SGB VIII gelten. Allerdings ergeben sich auf der Ebene der Einzelparagraphen (§ 16 h SGB II und § 13 SGB VIII) nur objektiv-rechtliche Verpflichtungen, die eher im Ermessensspielraum der Träger liegen (Münder/Hofmann, 2017, 40). Kooperationsformen wie Jugendberufsagenturen oder Bündnisse für Arbeit sind so nicht durch Gesetzesnormen rechtlich institutionalisiert. Sie hängen mehr oder weniger vom Ermessen oder guten Willen der jeweiligen kommunalen Träger ab. Um erwartungssichere Kooperationsformen zu schaffen – für schwer erreichbare junge Menschen wie auch die leistungerbringenden Träger – braucht es hier eine klarere sozialpolitische Willensbekundung für Kooperationsbündnisse am Übergang Schule–Beruf, die nicht nur programmatisch verkündet wird, sondern zugleich rechtlich über korrespondierende Normen in den betroffenen Rechtskreisen stabilisiert und über entsprechende Programmlogiken über die jeweiligen Träger administriert wird (z.B. in Verfahrensregelungen).

7.10 Wohnraum kooperativ ermöglichen

Schwer erreichbare junge Menschen sind als besonders vulnerable Personen einem erhöhten Risiko der Wohnungslosigkeit ausgesetzt. Eine aktuelle Untersuchung stellt dabei genau den von Diskontinuitäten geprägten Lebenszusammenhang schwerer Erreichbarkeit in Rechnung (Busch-Geertsema/Henke/Steffen, 2019, 139): geringe Bildungsqualifikationen, Brüche am Übergang von der Schule in eine Ausbildung bzw. Job, fehlende Rückkehroptionen zur Familie, Beendigung von stationären Jugendhilfen, fehlende Sicherung durch Sanktionsmechanismen im SGB II etc. Die Versorgung junger Menschen hinsichtlich der Probleme der Wohnungslosigkeit ist dabei selbst problematisch: fehlender Kleinstwohnraum vor allem in den Städten, geringe bis keine finanziellen Mittel, die zuständigen Stellen werden nicht erreicht, bestehende Angebote der Wohnungsnotfallhilfe sind meist auf älteres Klientel ausgerichtet usw.

Auch am Thema Wohnen werden die Schnittstellenproblematiken der Rechtskreise offenbar. Klassische stationäre Angebote der Jugendhilfe werden häufig mit Erreichen der Volljährigkeit beendet, von der anderen Seite her wird das Wohnen im eigentlich für die Zielgruppe der schwer erreichbaren jungen Menschen zuständigen § 16 h SGB II nicht gefördert. Aus einer notwendig ganzheitlichen Perspektive gegenüber den multikomplexen Problemlagen schwer erreichbarer junger Menschen braucht es zusätzlich zu den Angeboten zur Aktivierung, Begleitung, Beratung, Bildung, Ausbildung etc. möglichst die Integration von „Unterbringungsmöglichkeiten, Notschlafstellen und Unterstützung bei der dauerhaften Wohnraumversorgung, bei der die spezifischen Bedarfe in der Lebensphase des Erwachsenwerdens berücksichtigt werden. Dies bedeutet u.a. Bereitstellung einer kontinuierlichen Beziehung zur Stabilisierung, Privatsphäre in eigenem Wohnraum" etc. (ebd., 140)[39].

7.11 Finanzierung sichern – staatliche Versprechen einlösen

Mit der Einführung des § 16 h: *Förderung schwer erreichbarer junger Menschen* im Jahr 2016 durch das 9. Gesetz zur Änderung des SGB II hat sich der Gesetzgeber prinzipiell eindeutig zu den besonderen Problemlagen schwer erreichbarer junger Menschen bekannt. Die besondere Aufmerksamkeit für diese besondere Gruppe kann auch durch das begleitende Bundesprogramm RESPEKT abgeleitet werden, das hinsichtlich der Erkenntnisse zu Wirkungszusammenhängen und Effekten in der Förderung schwer erreichbarer junger Menschen von einer Evaluation begleitet wurde. Bekräftigt wurde die Förderung schwer erreichbarer junger Menschen zudem offiziell im Koalitionsvertrag von CDU, CSU und SPD im Jahr 2018:

> „Die Gruppe der schwer zu erreichenden Jugendlichen soll in dieser Legislaturperiode im Fokus stehen. Für eine Anwendung des § 16h Sozialge-

---

[39] Zum Risiko der Wohnungslosigkeit ähnlich DV, 2013.

setzbuch II wollen wir ab 2019 jährlich 50 Millionen Euro zur Verfügung stellen" (CDU/CSU/SPD, 2018, Z. 2302f, S. 51).

Und noch einmal wurde 2019 diese besondere Perspektive im Bundestag zu einer Care-Leaver-Debatte herausgehoben:

„Zudem unterstützt die Bundesregierung bereits junge Menschen bis 25 Jahre, die nicht (mehr) von den Sozialleistungssystemen erreicht werden nach § 16h des Zweiten Buches Sozialgesetzbuch (SGB II). Ziel ist dabei weniger die unmittelbare Eingliederung in Ausbildung oder Arbeit als vielmehr die (erneute) Heranführung an ein Regelangebot, insbesondere an (reguläre) Leistungen zur Eingliederung in Arbeit. Entsprechend der Vereinbarung im Koalitionsvertrag soll die Gruppe dieser schwer zu erreichenden Jugendlichen in dieser Legislaturperiode im Fokus stehen und für eine Anwendung des § 16h SGB II sollen ab dem Jahr 2019 jährlich 50 Mio. Euro zur Verfügung stehen. [...] Mit dem Teilhabechancengesetz wurde zudem mit Wirkung zum 1. Januar 2019 der sogenannte „20 %-Deckel" aufgehoben, mit dem die Ausgaben der Jobcenter für Maßnahmen nach §§ 16e, 16f, und 16h SGB II bislang auf 20 Prozent der Eingliederungsmittel beschränkt waren. Dadurch steht den Jobcentern faktisch sogar ein deutlich höherer finanzieller Spielraum für Maßnahmen nach § 16h SGB II zur Verfügung als die genannten 50 Mio. Euro" (DB, 2019, 2).

Die Intention des Gesetzgebers ist so (trotz aller Probleme mit Paradoxien, fehlenden Kooperationsverpflichtungen, Nachrangigkeitsregelungen etc.) eindeutig! Zudem müssen Mittel über die Agenturen für Arbeit bereitstehen. Und trotzdem gestaltet sich die Implementation von Projekten nach § 16 h für die freien Träger oft schwierig, teilweise werden Förderungen nach § 16 h SGB II sogar explizit abgelehnt. Und auch in bestehenden Projekten entstehen Probleme, wenn sich die Träger über kontinuierliche Angebote eben erreichbar machen: wenn mit Personal, Öffnungszeiten, einer 24/7-Präsenz und integrativen Angeboten schwer erreichbare junge Menschen erreicht werden, dann aber Unklarheiten hinsichtlich der Kostenübernahme entstehen ... auch hier **prekäre Positionen**!

Literatur

Aristoteles (1957): Nikomachische Ethik. Übersetzt, eingeleitet und kommentiert von Franz Dirlmeier. Frankfurt a.M., Hamburg: Fischer.

Autorengruppe Bildungsberichterstattung (2018): Bildung in Deutschland 2018. Ein indikatorengestützter Bericht mit einer Analyse zu Wirkungen und Erträgen von Bildung. Bielefeld: Bertelsmann.

BA – Bundesagentur für Arbeit (2018): Verfahrensregelungen – § 16 h SGB II. Förderung schwer zu erreichender junger Menschen (FseJ). Zentrale der BA, AM 42. 2018-11-20. URL: https://con.arbeitsagentur.de/prod/apok/ct/dam/download/documents/Verfahrensregelungen-P16h-SGB_ba027160.pdf. Zugriff: 2019-10-06.

BAG KJS – Bundesarbeitsgemeinschaft Katholische Jugendsozialarbeit (2019): Niemand geht verloren! Der § 16 h SGB II und die Jugendhilfe. Hinweise zur rechtskreisübergreifenden Kooperation von SGB VIII und SGB II von Christian Hampel und Andrea Pingel. URL: https://www.bagkjs.de/wp-content/uploads/2019/07/%C2%A7-16-h-SGB-II-und-die-Jugendhilfe_final.pdf. Zugriff: 2019-10-06.

BAG KJS – Bundesarbeitsgemeinschaft Katholische Jugendsozialarbeit (2017): § 16h SGB II im Interesse junger Menschen und nach den Prinzipien der Jugendsozialarbeit umsetzen. Eine Arbeitshilfe für Träger im Arbeitsfeld Jugendsozialarbeit. URL: https://jugendsozialarbeit.de/media/raw/Arbeitshilfe_Umsetzung_pp_16_h_SGB_II.pdf. Zugriff: 2019-10-04.

BAG KJS – Bundesarbeitsgemeinschaft Katholische Jugendsozialarbeit (2017): Information für Mitglieder im Beirat der Jobcenter über neue Möglichkeiten der „Förderung schwer zu erreichender Jugendlicher" nach § 16 h SGB II und Empfehlungen zur Umsetzung. URL: https://jugendsozialarbeit.de/wp-content/uploads/2017/06/KV_Infoblatt_pp_16_h_SGB_II.pdf. Zugriff: 2019-10-04.

Baumann, Menno (2016): „Intensivpädagogik" – das Gegenteil von Inklusion? Versuch einer aktuellen Standortbestimmung. In: AG Fachtagungen Jugendhilfe im Deutschen Institut für Urbanistik (Hrsg.): Systemsprenger verhindern. Wie werden die Schwierigen zu den Schwierigsten. Aktuelle Beiträge zur Kinder- und Jugendhilfe 103, Dokumentation. Berlin. S. 80–98.

Baumann, Menno/Bolz, Tijs/Albers, Viviane (2017): ‚Systemsprenger' in der Schule. Auf massiv störende Verhaltensweisen von Schülerinnen und Schülern reagieren. Weinheim, Basel: Beltz.

Beierle, Sarah/Hoch, Carolin (2017): Straßenjugendliche in Deutschland. Forschungsergebnisse und Empfehlungen. München: Deutsches Jugendinstitut e.V.

Benedikt XVI. (2005): Enzyklika Deus Caritas Est von Papst Benedikt XVI. an die Bischöfe, an die Priester und Diakone, an die gottgeweihten Personen und alle Christgläubigen über die christliche Liebe. Verlautbarungen des apostolischen Stuhls, Nr. 171, Rom, der 25. Dezember 2006. Hrsg. vom Sekretariat der Deutschen Bischofskonferenz. Bonn.

Bischofssynode – Bischofssynode, XV. Generalversammlung (2017): Die Jugendlichen, der Glaube und die Berufungsunterscheidung. Vorbereitungsdokument. Vatikanstadt.

Bischofssynode – Bischofssynode, XV. Generalversammlung (2018): Die Jugendlichen, der Glaube und die Berufungsunterscheidung. Abschlussdokument 27. Oktober. Vatikanstadt.

BMAS – Bundesministerium für Arbeit und Soziales (2015): Förderrichtlinie für das Bundesprogramm „RESPEKT – Pilotprogramm des Bundesministeriums für Arbeit und Soziales für schwer zu erreichende junge Menschen". BAnz AT 16.09.2015 B3.

BMAS – Bundesministerium für Arbeit und Soziales (2017): Sozialbericht 2017. Bonn: BMAS.

BMAS – Bundesministerium für Arbeit und Soziales (2017b): Lebenslagen in Deutschland. Der fünfte Armuts- und Reichtumsbericht der Bundesregierung. Kurzfassung. Bonn: BMAS.

BMAS – Bundesministerium für Arbeit und Soziales (2018): Evaluation des Bundesprogramms RESPEKT – Abschlussbericht. Forschungsbericht 518.

BMBF – Bundesministerium für Bildung und Forschung (2018): Berufsbildungsbericht 2018. Bonn: BMBF.

BMFSFJ – Bundesministerium für Familie, Senioren, Frauen und Jugend (2017): 15. Kinder- und Jugendbericht. Bericht über die Lebenssituation junger Menschen und die Leistungen der Kinder- und Jugendhilfe in Deutschland. Bundestags-Drucksache 18/11050.

Böckenförde, Ernst-Wolfgang (2016): Grundrechtstheorie und Grundrechtsinterpretation(1974). In: ders.: Staat, Gesellschaft, Freiheit. Studien zur Staatstheorie und zum Verfassungsrecht. 2. Aufl. (1. Auf. 1976). Frankfurt a.M.: Suhrkamp. S. 221–252.

Böhnisch, Lothar (2008): Sozialpädagogik der Lebensalter. Eine Einführung. 5., überarb. Aufl. Weinheim, Basel: Juventa.

Böhnisch, Lothar (2013): Sozialpädagogik der Lebensalter. Eine Einführung. 6., überarb. Aufl. Weinheim, Basel: Juventa.

Böhnisch, Lothar (2016): Lebensbewältigung. Ein Konzept für die Soziale Arbeit. Weinheim, Basel: Beltz Juventa.

Bolz, Tijs/Albers, Viviane/Baumann, Menno (2019): Professionelle Beziehungsgestaltung in der Arbeit mit „Systemsprengern". In: unsere jugend. Band 71, Nr. 7+8. S. 297–304.

Braido, Pietro (1999): Junge Menschen ganzheitlich begleiten. Das pädagogische Anliegen Don Boscos. Aus dem Italienischen übers. von Reinhard Helbing SDB. München: Don Bosco Verlag.

Busch-Geertsema, Volker/Henke, Jutta/Steffen, Axel (2019): Entstehung, Verlauf und Struktur von Wohnungslosigkeit und Strategien zu Vermeidung und Behebung. Forschungsbericht Nr. 534. Berlin: Bundesministerium für Arbeit und Soziales.

Castel, Robert (2000): Die Metamorphosen der sozialen Frage. Eine Chronik der Lohnarbeit. Konstanz: UVK.

CDU, CSU, SPD (2018): Ein neuer Aufbruch für Europa. Eine neue Dynamik für Deutschland. Ein neuer Zusammenhalt für unser Land. Koalitionsvertrag zwischen CDU, CSU und SPD. 19. Legislaturperiode.

DB – Deutscher Bundestag (2016): Gesetzentwurf der Bundesregierung. Entwurf eines Neunten Gesetzes zur Änderung des Zweiten Buches Sozialgesetzbuch – Rechtsvereinfachung. Bundestags-Drucksache 18/8401.

DB – Deutscher Bundestag (2019): Antwort der Bundesregierung auf die Drucksache 19/12936. Zur Situation von Care Leavern in Deutschland. Bundestags-Drucksache 19/13333.

DDB – Die Deutschen Bischöfe (1975): Ziele und Aufgaben kirchlicher Jugendarbeit. Ein Beschluß der gemeinsamen Synode der Bistümer der Bundesrepublik Deutschland. Heftreihe Synodenbeschlüsse Nr. 8, Sonderdruck aus der offiziellen Gesamtausgabe der Gemeinsamen Synode der Bistümer in der Bundesrepublik Deutschland, Beschlüsse der Vollversammlung. Herausgegeben vom Sekretär der Deutschen Bischofskonferenz, Dr. Josef Homeyer. Bonn.

DBSH – Deutscher Berufsverband für Soziale Arbeit e.V. (2014): Berufsethik des DBSH. Ethik und Werte. In: Forum Sozial. Heft 4/2014.

DPWG – Deutscher Paritätischer Wohlfahrtsverband Gesamtverband e.V. (2019): In gemeinsamer Verantwortung. Jugendhilfe und Jobcenter fördern zusammen schwer erreichbare Jugendliche. Praxisbeispiele. Berlin: Der Paritätische Gesamtverband.

DJI – Deutsches Jugendinstitut (2015): Entkoppelt vom System. Jugendliche am Übergang ins junge Erwachsenenalter und Herausforderungen für Jugendhilfestrukturen. Eine Studie des Deutschen Jugendinstituts im Auftrag der Vodafone Stiftung Deutschland. Düsseldorf: Vodafone Stiftung.

Dohmen, Thomas/Radbruch, Jonas (2019): Expertise Armut und Handlungskompetenz. Bundesministerium für Arbeit und Sozialordnung, Forschungsbericht Nr. 529.

Don Bosco – Don Giovanni Bosco (1877): Regolamento per le Case della Società di S. Francesco di Sales. Torino: Tipografia Salesiana.

Don Bosco – Don Giovanni Bosco (2009): Der Rombrief – Brief vom 10. Mai 1884 aus Rom an die salesianische Gemeinschaft des Oratoriums von Turin-Valdocco (1884). Aktual. Übersetzung aus dem Italienischen von P. Otto Wansch. In: Gesing, Reinhard SDB (Hrsg.): „Mit der Liebe!" Der „Rombrief" Don Boscos und seine Bedeutung für die Pädagogik und Jugendpastoral heute. München: Don Bosco Verlag. S. 17–32.

Don Bosco – Don Giovanni Bosco (2013): Das Präventivsystem in der Erziehung der Jugend (1877). Revidierte und aktual. Übersetzung aus dem Italienischen von P. Reinhard Gesing. In: Gesing, Reinhard SDB (Hrsg.): Vernunft, Religion und Liebenswürdigkeit. Don Boscos Pädagogik der Vorsorge damals und heute. München: Don Bosco Verlag. S. 13–26.

Don Bosco Haus Chemnitz (2019): Leistungsangebot für das Projekt „Windflüchter" und die Maßnahme „Startklar in die Zukunft" für besonders benachteiligte junge Menschen (SGB II). Chemnitz.

Don Bosco Haus Chemnitz (2019): Konzeptdatei „Startklar in die Zukunft" – Aktivierungshilfe für Jüngere.

Don Bosco Jugendwerk Nürnberg (2019): Rahmenkonzeption „Stellwerk". Hilfen für Straßenjugendliche und „entkoppelte" junge Menschen.

Don Bosco Zentrum Berlin (2012): Manege GmbH – Unser Leitbild.

Duden (1973): Rechtschreibung der deutschen Sprache und der Fremdwörter. Der grosse Duden: Bd. 1. 17., neu bearb. und erw. Aufl. Mannheim, Wien, Zürich: Bibliographisches Institut.

Duden (1997): Fremdwörterbuch. Duden: Bd. 5. 6.,auf der Grundlage der amtlichen Neuregelung der deutschen Rechtschreibung überarb. und erw. Aufl. Mannheim, Leipzig, Wien, Zürich: Dudenverlag.

DV – Deutscher Verein für öffentliche und private Fürsorge e.V. (2013): Empfehlungen des Deutschen Vereins zur Prävention von Wohnungslosigkeit durch Kooperation von kommunalen und freien Trägern. DV 17/13 AF III. Berlin: Deutscher Verein.

DV – Deutscher Verein für öffentliche und private Fürsorge e.V. (2015): Unterstützung am Übergang Schule–Beruf. Empfehlungen des Deutschen Vereins für eine gelingende Zusammenarbeit an den Schnittstellen der Rechtskreise SGB II, SGB III und SGB VIII. Berlin: Deutscher Verein.

DV – Deutscher Verein für öffentliche und private Fürsorge e.V. (2016): Erfolgsmerkmale guter Jugendberufsagenturen. Grundlagen für ein Leitbild. (DV 26/15). Berlin: Deutscher Verein.

DV – Deutscher Verein für öffentliche und private Fürsorge e.V. (2017a): Empfehlungen des Deutschen Vereins zur Hilfe für junge Erwachsene in besonderen Problemlagen (DV 09/16). Berlin: Deutscher Verein.

DV – Deutscher Verein für öffentliche und private Fürsorge e.V. (2017b): Empfehlungen des Deutschen Vereins zur Umsetzung des § 16 h SGB II – Förderung schwer zu erreichender junger Menschen. Berlin: Deutscher Verein.

EU-Rat – Rat der Europäischen Union (2013): Empfehlung des Rates vom 22. April 2013 zur Einführung einer Jugendgarantie. In: Amtsblatt der Europäischen Union, C 120/01.

Eurofound – Europäische Stiftung zur Verbesserung der Lebens- und Arbeitsbedingungen (2016): Untersuchung der Vielfalt von NEETs. Zusammenfassung. EF/16/02/DE 1.

Eurofound – Europäische Foundation for the Improvement of Living and Working Conditions (2016b): Exploring the diversity of NEETs. Zusammenfassung. Luxembourg: Publications Office of the European Union.

Europäische Kommission (2016): The 20 principles of the European Pillar of Social Rights. German. 4: Aktive Unterstützung für Beschäftigung.URL: https://circabc.europa.eu/faces/jsp/extension/wai/navigation/container.jsp?FormPrincipal:_idcl=FormPrincipal:_id1&-FormPrincipal_SUBMIT=1&id=b4840cb8-4ddf-4172-ba7a-25fbb744011b&javax.faces.te=lZpnvWFJnYF4UErq%2Fxd4Wzg%2F2kNnLq%2BHb16ysWWJ8urq%2FsH38J08FBost-V6dkthF1DJWzxJEJ6SaEpMTGe3DAJk4PZ0L3bZXRMTKGfrJ0RlVmNOSGqQVj8z6XCYM3Mjfm-W4gZXVen1talSbbeiT7e0k8b7k%3D. Zugriff: 2020-03-03.

Europäische Sozialcharta (1961): Europäische Sozialcharta vom 18. Oktober 1961. In: Menschenrechte. Dokumente und Deklarationen (2004). Bonn: bpb. S. 381–397.

Eurostat (2018): Young people neither in employment nor in education and training (15–24 years) – % of the total population in the same age group. URL: https://ec.europa.eu/eurostat/tgm/table.do?tab=table&plugin=1&language=en&pcode=tipslm90. Zugriff 2020-03-02.

Freyberger, Harald J. et al. (2008): Am Rande sozialpsychiatrischer Versorgungsstrukturen – eine Untersuchung zur „Systemsprengerproblematik" in Mecklenburg-Vorpommern. In: Fortschritte der Neurologie · Psychiatrie. Band 106, Nr. 13, Februar 2008. S. 106–113. doi:10.1055/s-2007-996172.

Gesing, P. Reinhard (2009): „Mit der Liebe!" – Impulse aus dem Rombrief für eine Erziehungsspiritualität im Geiste Don Boscos. In: Gesing, Reinhard SDB (Hrsg.): „Mit der Liebe!" Der „Rombrief" Don Boscos und seine Bedeutung für die Pädagogik und Jugendpastoral heute. München: Don Bosco Verlag. S. 83–109.

Gesing, P. Reinhard (2009b): Der „Rombrief" – die „Magna Charta" der Pädagogik Don Boscos. In: Gesing, Reinhard SDB (Hrsg.): „Mit der Liebe!" Der „Rombrief" Don Boscos und seine Bedeutung für die Pädagogik und Jugendpastoral heute. München: Don Bosco Verlag. S. 33–53.

Giertz, Karsten/Gervink, Thomas (2017): „Systemsprenger" oder eher PatientInnen mit einem individuellen und komplexen Hilfebedarf? Welche Konsequenzen ergeben sich aus den Erkenntnissen der Forschung zur „Systemsprenger-Problematik" für die psychiatrische, psychosoziale und psychotherapeutische Versorgung? In: Psychotherapie Forum, 22. Jg. S. 105-112. URL: https://doi.org/10.1007/s00729-017-0104-0. Zugriff: 2020-03-05.

Graf, Pedro (1995): Konzeptentwicklung. 1. Aufl. In: Schwerpunkt Management. Professionelle Personalarbeit und Organisationsentwicklung. Sandmann: Alling.

Groenemeyer, Axel (2009): Soziologie Sozialer Probleme. In: Albrecht, Günter/ Groenemeyer, Axel (Hrsg.): Handbuch soziale Probleme. 2. Aufl. Wiesbaden: Springer VS. S.17–116.

Gruen, Arno (1987): Der Wahnsinn der Normalität. Realismus als Krankheit: Eine grundlegende Theorie zur menschlichen Destruktivität. München: dtv.

Gurr, Thomas/Kaiser, Yvonne/Kress, Laura/Merchel, Joachim (2016): Schwer erreichbare junge Menschen: eine Herausforderung für die Jugendsozialarbeit. Weinheim, Basel: Beltz Juventa.

Hartmann, Daniela (2014): Arbeitsgruppe: „Für das Leben ermutigen – Hilfen zur Erziehung mit ‚Systemsprengern'. Das Projekt ‚Manege' in Berlin-Marzahn". In: AG Fachtagungen Jugendhilfe im Deutschen Institut für Urbanistik (Hrsg.): Grenzgänger, Systemsprenger, Verweigerer. Wege, schwierig(st)e Kinder und Jugendliche ins Leben zu begleiten. Aktuelle Beiträge zur Kinder- und Jugendhilfe 94, Dokumentation. Berlin. S. 135–141.

Heidegger, Martin (1972): Sein und Zeit. 12., unveränderte Aufl. Tübingen: Niemeyer.

Höfer, Renate/Straus, Florian (1997): Entwicklungslinien alltäglicher Identitätsarbeit. In: Keupp, Heiner/Höfer, Renate (Hrsg.): Identitätsarbeit heute. Klassische und aktuelle Perspektiven der Identitätsforschung. Frankfurt a.M.: Suhrkamp. S. 270–307.

Habermas, Jürgen (1987): Theorie des kommunikativen Handelns. Band 1. Handlungsrationalität und gesellschaftliche Rationalisierung. 4., durchgesehene Aufl. (1. Aufl. 1981). Frankfurt am Main: Suhrkamp.

Honneth, Axel (1994): Kampf um Anerkennung. Zur moralischen Grammatik sozialer Konflikte. Mit einem neuen Nachwort. Frankfurt a.M.: Suhrkamp.

Husserl, Edmund (1976): Ideen zu einer reinen Phänomenologie und phänomenologischen Philosophie. Erstes Buch: Allgemeine Einführung in die reine Phänomenologie. In: ders.: Husserliana Bd. III/1. Hrsg. von Karl Schuhmann. Den Haag: Martinus Nijhoff.

ICESCR (1966): Internationaler Pakt über wirtschaftliche, soziale und kulturelle Rechte, vom 19. Dezember 1966 (BGBL. 1973 II 1569). In: Menschenrechte. Dokumente und Deklarationen (2004). Bonn: bpb. S. 59–68.

Johannes Paul II (1981): Enzyklika Laborem Exercens. Über die menschliche Arbeit zum neunzigsten Jahrestag der Enzyklika ‚Rerum Novarum'. URL: http://w2.vatican.va/content/john-paul-ii/de/encyclicals/documents/hf_jp-ii_enc_14091981_laborem-exercens.html. Zugriff: 2020-02-21.

Kant, Immanuel (1974): Grundlegung zur Metaphysik der Sitten. In: ders.: Werkausgabe in 12 Bänden. Bd. VIII. Hrsg. von Wilhelm Weischedel. Frankfurt a.M.: Suhrkamp. S. 7–102.

Kant, Immanuel (1977): Beantwortung der Frage: Was ist Aufklärung? In: ders.: Werkausgabe in 12 Bänden. Bd. XI. Hrsg. von Wilhelm Weischedel. Frankfurt a.M.: Suhrkamp. S. 53–62.

Kant, Immanuel (1977): Über Pädagogik. In: ders.: Werkausgabe in 12 Bänden. Bd. XII. Schriften zur Anthropologie, Geschichtsphilosophie, Politik und Pädagogik 2. Hrsg. von Wilhelm Weischedel. Frankfurt a.M.: Suhrkamp. S. 695–766.

Kirchner, Andreas (2012): Dynamik der Geschlossenheit. Eine Theoriefigur der späten Moderne und ihre Entfaltung bei Hans Blumenberg. Wiesbaden: Springer VS.

KJSG – Kinder- und Jugendstärkungsgesetz (2021): Gesetz zur Stärkung von Kindern und Jugendlichen. Vom 03.06.2021. In: Bundesgesetzblatt Jg. 2021 Teil I Nr. 29, ausgegeben zu Bonn am 09.06.2021.

König, Joachim et al. (2014): Weiterentwicklung der Jugendsozialarbeit in Bayern. „Die im Dunkeln sieht man nicht" – Marginalisierte und schwer erreichbare junge Menschen mit komplexen Problemlagen als Zielgruppe der Jugendsozialarbeit. Abschlussbericht. URL: http://lagjsa-bayern.de/wp-content/uploads/2017/08/Gesamtbericht_Weiterentwicklung-der-Jugendsozialarbeit-Bayern_10.2014.pdf. Zugriff: 2019-10-06.

Lemme, Martin/Körner, Bruno (2018): Neue Autorität in Haltung und Handlung. Ein Leitfaden für Pädagogik und Beratung. Heidelberg: Carl Auer.

Ley, Thomas/Seelmeyer, Udo (2018): Abschlussbericht für die wissenschaftliche Begleitung des Projektes Treffpunkt U25. Eine Studie zu schwer erreichbaren jungen Menschen im ALG II Bezug. Im Auftrag der Jobcenter Minden-Lübbecke und Schaumburg. URL: http://www.kom-sd.de/fileadmin/uploads/komsd/Abschlussbericht_TreffpunkteU25.pdf. Zugriff: 2019-10-06.

Lutz, Ronald (2018): Nicht einfach „retten", sondern gemeinsam aufbrechen. In: Aspekte der Jugendsozialarbeit. Nr. 80. Düsseldorf: BAG KJS. S. 17–25.

MacSenaere, Michael (2014): Was wirkt in der Erziehungshilfe? Wirkfaktoren und Effektivität bei der Arbeit mit schwierigen Kindern und Jugendlichen. In: AG Fachtagungen Jugendhilfe im Deutschen Institut für Urbanistik (Hrsg.): Grenzgänger, Systemsprenger, Verweigerer. Wege, schwierig(st)e Kinder und Jugendliche ins Leben zu begleiten. Aktuelle Beiträge zur Kinder- und Jugendhilfe 94, Dokumentation. Berlin. S. 25–34.

Mrozynski, Peter (2013): Rechtsfragen der freien Förderung nach § 16f SGB II. Gutachten für die Evangelische Jugendsozialarbeit Bayern e.V. und das Diakonische Werk Bayern. URL: http://www.jugendsozialarbeit.de/media/raw/Rechtsgutachten_freie_Foerderung.pdf. Zugriff: 2020-01-08.

Münder, Johannes/Hofmann, Albert (2017): Jugendberufshilfe zwischen SGB III, SGB II und SGB VIII. Reihe STUDY Bd. 353. Düsseldorf: Hans-Böckler-Stiftung.

Muller, Jean-Paul (2013): Pädagogik der Vorsorge. In: Gesing, Reinhard SDB (Hrsg.): Vernunft, Religion und Liebenswürdigkeit. Don Boscos Pädagogik der Vorsorge damals und heute. München: Don Bosco Verlag. S. 106–135.

Müller, Burkhard (2006): Sozialpädagogisches Können. Ein Lehrbuch der multiperspektivischen Fallarbeit. 4. Vollständig neu bearb. Aufl. Freiburg i.Br.: Lambertus.

Müller, Wolfgang Erich (2014): Konzeptionen der Gerechtigkeit. Entwicklungen der Gerechtigkeitstheorie seit John Rawls. Stuttgart: Kohlhammer.

Nassehi, Armin (2003): Geschlossenheit und Offenheit. Studien zur Theorie der modernen Gesellschaft. Frankfurt am Main: Suhrkamp.

Nussbaum, Martha (2010): Die Grenzen der Gerechtigkeit. Behinderung, Nationalität und Spezieszugehörigkeit. Berlin: Suhrkamp.

Nussbaum, Martha (2014): Der aristotelische Sozialdemokratismus. In: dies.: Gerechtigkeit oder Das gute Leben. 8. Aufl. (11999). Frankfurt a.M.: Suhrkamp. S. 24–85.

OECD – (2016): Chapter 1: The NEET challenge: What can be done for jobless and disengaged youth? In: Society at a Glance 2016. OECD Social Indicators. Paris: OECD Publishing. URL: https://doi.org/10.1787/soc_glance-2016-4-en. Zugriff: 2020-02-28.

Omer, Haim (2015): Wachsame Sorge. Wie Eltern ihren Kindern ein guter Anker sind. Göttingen: Vandenhoeck & Ruprecht.

Omer, Haim/Schlippe, Arist von (2016): Autorität durch Beziehung. Die Praxis des gewaltlosen Widerstands in der Erziehung. 9. Aufl. (1. Aufl. 2004). Göttingen: Vandenhoeck & Ruprecht.

Pantucek-Eisenbacher, Peter (2019): Soziale Diagnostik. Verfahren für die Praxis Sozialer Arbeit. 4., überarb. und aktuell. Aufl. Göttingen: Vandenhoeck & Rupprecht.

Paritätischer – Der Paritätische Wohlfahrtsverband Gesamtverband e.V. (2019): In gemeinsamer Verantwortung. Jugendhilfe und Jobcenter fördern zusammen schwer erreichbare Jugendliche. Praxisbeispiele. Berlin: Der Paritätische Gesamtverband.

Paritätischer – Der Paritätische Wohlfahrtsverband Gesamtverband e.V. (2019b): Der Paritätische Armutsbericht 2019. 30 Jahre Mauerfall – Ein viergeteiltes Deutschland. Berlin: Der Paritätische Gesamtverband.

Rätz, Regina (2016): Was tun, wenn Kinder und Jugendliche und Erziehungshilfen aneinander scheitern? Aktuelle Studienergebnisse. In: AG Fachtagungen Jugendhilfe im Deutschen Institut für Urbanistik (Hrsg.): Systemsprenger verhindern. Wie werden die Schwierigen zu den Schwierigsten. Aktuelle Beiträge zur Kinder- und Jugendhilfe 103, Dokumentation. Berlin. S. 41–60. URL: https://difu.de/publikationen/2016/systemsprenger-verhindern-wie-werden-die-schwierigen-zu-den.html. Zugriff: 2019-10-28.

Reißig, Birgit (2013): Das Ende der Normalbiografie. Die problemlose Abfolge von Kindheit, Schule und Beruf ist heute nicht mehr die Regel. Für Jugendliche ist vor allem der Übergang von der Schule in das Arbeitsleben schwierig. In: DJI Impulse, Nr. 104, Heft 4. S. 4–6.

Rosa, Hartmut (2016): Resonanz. Eine Soziologie der Weltbeziehung. Berlin: Suhrkamp.

Rosa, Hartmut/Endres, Wolfgang (2016): Resonanzpädagogik. Wenn es im Klassenzimmer knistert. Weinheim, Basel: Beltz.

Rosa, Hartmut/Buhren, Claus G./Endres, Wolfgang (2017): Resonanzpädagogik & Schulleitung. Neue Impulse für die Schulentwicklung. Weinheim, Basel: Beltz.

Rosenberg, Marshall B. (2010): Gewaltfreie Kommunikation. Eine Sprache des Lebens. 9. Aufl. Aus dem Amerikanischen von Ingrid Haller. Paderborn: Junfermann.

Salomon, Alice (2004): Soziale Diagnose (1926). In: dies.: Ausgewählte Schriften. Bd. 3: Frauenemanzipation und soziale Verantwortung. 1919-1948. Hrsg. von Adriane Feustel. München: Luchterhand. S. 255–314.

Scheler, Max (1955): Zur Rehabilitierung der Tugend. In: Gesammelte Werke. Bd. 3. Vom Umsturz der Werte. Anhandlungen und Aufsätze. 4., durchgesehene Aufl. Hrsg. von Maria Scheler. Bern: Francke. S. 13–32.

Schiepek, Günther (2014): „Der Wandel ist eine Tür, die nur von innen geöffnet werden kann ...". In: AG Fachtagungen Jugendhilfe im Deutschen Institut für Urbanistik (Hrsg.): Grenzgänger, Systemsprenger, Verweigerer. Wege, schwierig(st)e Kinder und Jugendliche ins Leben zu begleiten. Aktuelle Beiträge zur Kinder- und Jugendhilfe 94, Dokumentation. Berlin. S. 79–90.

Schmid, P. Franz (2009): Don Boscos „Rombrief" aus der Perspektive der Erziehungswissenschaften. In: Gesing, Reinhard SDB (Hrsg.): „Mit der Liebe!" Der „Rombrief" Don Boscos und seine Bedeutung für die Pädagogik und Jugendpastoral heute. München: Don Bosco Verlag. S. 54–74.

SDB – Salesianer Don Boscos (2003): Konstitutionen der Gesellschaft des hl. Franz von Sales. 2. Ausgabe.

SDB – Deutsche Provinz der Salesianer Don Boscos (2009): Arbeiten im Sinne Don Boscos – Unsere Leitlinien. 4., überarb. Aufl. München: Don Bosco Medien.

SDB – Salesianer Don Boscos (2016): Stellungnahme zum Neunten Gesetz zur Änderung des Zweiten Buches Sozialgesetzbuch – Rechtsvereinfachung, Bundestagsdrucksachen 18/8041, 18/8076, 18/8077. In: Deutscher Bundestag, Ausschuss für Arbeit und Soziales. Ausschussdrucksache 18(11)649. URL: http://www.sozialpolitik-aktuell.de/tl_files/sozialpolitik-aktuell/_Politikfelder/Sozialstaat/Dokumente/2016_05_Stellungnahme_Teilhabe.pdf. Zugriff: 2019-10-03. S. 119–121.

SDB – Deutsche Provinz der Salesianer Don Boscos (o.J.): Weg vom Rand. Unsere Arbeit mit schwer erreichbaren jungen Menschen in Deutschland. Präsentation.

Sen, Amartya (2010): Die Idee der Gerechtigkeit. München: C.H. Beck.

Spaemann, Robert (1989): Glück und Wohlwollen. Versuch über Ethik. Stuttgart: Klett-Cotta.

Spieker, Michael (2019): Die Bildung der Sittlichkeit. In: Spieker, Michael/ Schwenzfeuer, Sebastian/ Zabel, Benno (Hrsg.): Sittlichkeit. Eine Kategorie moderner Staatlichkeit?. Baden-Baden: Nomos. S. 109–124.

Stallmann, Martina/Vust, David (2014): Arbeitsgruppe: „Freiraum mit Risiko – Niedrigschwellige Hilfen für Systemsprenger". In: AG Fachtagungen Jugendhilfe im Deutschen Institut für Urbanistik (Hrsg.): Grenzgänger, Systemsprenger, Verweigerer. Wege, schwierig(st)e Kinder und Jugendliche ins Leben zu begleiten. Aktuelle Beiträge zur Kinder- und Jugendhilfe 94, Dokumentation. Berlin. S. 143–156.

Statistisches Bundesamt (2018): Arbeitsmarkt auf einen Blick – Deutschland und Europa. Wiesbaden: Destatis.

Staub-Bernasconi, Silvia (1995): Systemtheorie und Soziale Arbeit (Sozialarbeit/Sozialpädagogik) – Grundlagen einer wissenschaftsbasierten Sozialen Arbeit. In: dies.: Systemtheorie, soziale Probleme und Soziale Arbeit: lokal, national, international – oder vom Ende der Bescheidenheit. Bern, Stuttgart, Wien: Haupt. S. 117–140.

Teupen, Sonja (2019): Symbolisch prekär. Personale Identität in Selbsterzählungen armer Frauen. Wiesbaden: Springer VS.

Thie, Stephan (2018): § 16 h Förderung schwer zu erreichender junger Menschen. In: Münder, Johannes (Hrsg.): Sozialgesetzbuch II. Grundsicherung für Arbeitsuchende. Lehr- und Praxiskommentar. 6. Aufl. Baden-Baden: Nomos. S. 28–533.

Thiersch, Hans (2020): Lebensweltorientierte Soziale Arbeit – revisited. Grundlagen und Perspektiven. Weinheim, Basel: Beltz Juventa.

Tillmann, Frank/Gehne, Carsten (2012): Situation ausgegrenzter Jugendlicher. Expertise unter Einbeziehung der Perspektive der Praxis. Hrsg: Bundesarbeitsgemeinschaft Katholische Jugendsozialarbeit (BAG KJS). URL: https://jugendsozialarbeit.de/media/raw/DJI_Expertise___Situation_ausgegrenzter_Jugendlicher__Tillmann_Gehne_-1.pdf. Zugriff: 2019-10-06.

Umbach, Klaus (2015): Die im Dunkeln ... brauchen es besonders! Die Zielgruppen von Jugendsozialarbeit im Fokus des Kinder- und Jugendschutzes. URL: https://www.sgbviii.de/files/SGB%20VIII/PDF/S123.pdf. Zugriff: 2019-10-04.

UN – United Nations (1948): Allgemeine Erklärung der Menschenrechte (Resolution 217 A (III) der Generalversammlung der Vereinten Nationen vom 10. Dezember 1948. In: Menschenrechte. Dokumente und Deklarationen (2004). Bonn: bpb. S. 54–58.

UN – United Nations (1989): Übereinkommen über die Rechte des Kindes. Hrsg. vom BMFSFJ 2018, 6. Aufl. Berlin: BMFSFJ.

Vogel, Berthold (2009): Das Prekariat – eine neue soziale Lage? In: Castel, Robert/ Dörre, Klaus (Hrsg.): Prekarität, Abstieg, Ausgrenzung. Die soziale Frage am Beginn des 21. Jahrhunderts. Frankfurt, New York: Campus. S. 197–208.

Watzlawick, Pau/Beavin, Janet H./Jackson, Don D. (2000): Menschliche Kommunikation. Formen, Störungen, Paradoxien (1969). 10. Aufl. Bern, Göttingen, Toronto, Seattle: Hans Huber.

Weinschenk, Reinhold (1987): Grundlagen der Pädagogik Don Boscos. 2. Erw. Aufl. München: Don Bosco Verlag.

Wirth, Jan V. (2015): Die Lebensführung der Gesellschaft. Grundriss einer allgemeinen Theorie. Wiesbaden: Springer VS.

9. SGB-II-ÄndG (2016): Entwurf eines Neunten Gesetzes zur Änderung des Zweiten Buches Sozialgesetzbuch – Rechtsvereinfachung. URL: https://www.bmas.de/SharedDocs/Downloads/DE/PDF-Gesetze/sgb-ii-aendg-gesetzentwurf.pdf?__blob=publicationFile&v=3. Zugriff: 2019-10-03.

Sich orientieren und entscheiden

Eine Ausbildung auf einen Beruf hin mit einer vorgezeichneten Karriere – so funktionieren die wenigsten Lebensläufe. Der Übergang von der Schule zum Beruf ist deshalb von nie dagewesenen Chancen und ebenso großen Orientierungsfragen geprägt. Entscheidungs- und Orientierungsfähigkeit zu fördern, ist ein wesentliches Element von Bildung und ein wichtiges pädagogisches Anliegen. Das Buch fasst Forschungsergebnisse auch unter dem Aspekt der Berufung aus theologischer, pastoralpsychologischer und soziologischer Sicht zusammen. Beiträge des 11. Jugendpastoralen Symposiums in Benediktbeuern.

Katharina Karl (Hrsg.)
Beruf(en) leben
Berufswahlprozesse junger Menschen begleiten
ISBN: 978-3-7698-2468-1

www.donbosco-medien.de

LEBENDIG. KREATIV. PRAXISN